Saucen & Dips

Die besten Rezepte

Compact Verlag

Das Tüpfelchen auf dem i – Saucen und Dips

Rezeptteil

Das Tüpfelchen auf dem i – Saucen und Dips

Ob Kartoffeln, Nudeln oder Reis mit Gemüse, Fisch oder Fleisch, wer die Sauce weglässt, spart an der falschen Stelle. Sie ist das i-Tüpfelchen jeden Essens und gibt Pasta oder Braten erst den richtigen Pfiff. Die Kunst, ein Menü durch Sauce oder Dip zu veredeln, besteht darin, den Eigengeschmack zu unterstreichen oder raffiniert zu ergänzen.

Zutaten

Das Gelingen einer Sauce oder eines Dips hängt natürlich zu einem großen Teil von der Qualität der verwendeten Zutaten ab. Majonäse schmeckt frisch einfach am besten, Senf entfaltet frisch seinen vollen Geschmack. Es empfiehlt sich daher, die Zutaten unmittelbar vor der Verarbeitung zu besorgen. Ausnahmen sind natürlich Lebensmittel wie Essig, Öl, Kräuter und Gewürze, die eine längere Lebensdauer haben.

Gewürze und Kräuter
Damit Gewürze und Kräuter ihr ganzes wunderbares Aroma entfalten können, benutzt man auch sie am

besten frisch. Die meisten Supermärkte führen heute schon kleine Töpfe mit Basilikum, Majoran und anderen Arten. Mit ein wenig Pflege halten diese sich einige Zeit. Alternativ bieten sich kleine Kräutersträuße an. Tipp: Die Pflanzen unter kaltem Wasser waschen, vorsichtig schütteln und dann völlig trocknen lassen. Bei Bedarf die erforderliche Menge abschneiden und nach Wunsch fein oder grob hacken. Kräuter sollten erst kurz vor dem Servieren zugefügt werden. Kochen sie lange mit, gehen die enthaltenen Vitamine leicht kaputt und der Geschmack geht verloren oder verändert sich.

Die meisten Gewürze sind kaum frisch zu bekommen. Der Handel bietet jedoch viele Arten von Gewürzmühlen an. Werden Pfeffer, Salz & Co. erst direkt zum Gebrauch zerkleinert, entfaltet sich das Aroma optimal.

Generell sollte man stets kleine Mengen einer Gewürzart kaufen, da die Würzkraft über die Zeit deutlich abnimmt. Für die Aufbewahrung eignet sich ein dunkler, trockener und möglichst kühler Ort.

Essig und Öl

Besonders für leichte Salatdressings ist Essig unverzichtbar. Er verleiht einen pikanten Geschmack und verbindet sich mit Öl zu einer Emulsion. Neben den klassischen Sorten gibt es jede Menge aromatisierten Essig. Er nimmt zusätzlich zu seiner Säure den Geschmack von beispielsweise Knoblauch, Himbeeren oder Kräutern der Provence an. Man kann ihn fertig kaufen oder selbst ansetzen. Zum Beispiel wird Kräuteressig wie folgt selbst hergestellt:

- 100 g verschiedene Kräuter (wie Rosmarin, Estragon, Thymian, Basilikum und Dill) mit 250 ml Weißweinessig übergießen.
- Das Gemisch an einem sonnigen Ort 2 Wochen ziehen lassen.
- Anschließend abfiltrieren und dunkel lagern.

Auch die Herstellung von Himbeeressig ist ganz einfach:

- 300 g vollreife Himbeeren mit 800 ml Weißweinessig ansetzen und an einem sonnigen Ort 6 Wochen ziehen lassen. Dabei ab und zu etwas schütteln.
- Anschließend filtrieren und ebenfalls an einem dunklen Ort lagern.

Ähnliches gilt für Öl. Es kann ebenfalls durch Kräuter und/oder Gewürze geschmacklich verändert werden und verleiht so Gerichten eine individuelle Note. Beim Einkauf sollte in erster Linie die Qualität berücksichtigt werden. Außerdem wichtig: Wozu sollen Essig und Öl benutzt werden? Folgende Übersicht hilft, die richtige Wahl zu treffen:

Essig

Apfelessig: milder, leicht süßlicher Essig mit feinem Apfelaroma; passt dann, wenn keine intensive Säure erwünscht ist.

Balsamessig (Balsamico): trendiger Rotweinessig aus Italien, der einige Jahre im Fass gereift ist, dunkle Farbe, süße Würze; passt aufgrund seines kräftigen Geschmacks perfekt zu Salaten und Nudelgerichten.

Branntweinessig: hell, extrem kräftig im Geschmack; passt zu kräftigen Zutaten, die sich dagegen durchsetzen können, sollte sehr sparsam verwendet werden.

Sherryessig: aus Sherrytrauben hergestellt und in Sherryfässern gelagert entwickelt er einen würzig-süßen Geschmack; passt gut zu Salaten, in denen er seinen Eigengeschmack kräftig

entfalten kann.

Weinessig: Rotweinessig ist allgemein kräftiger als Weißweinessig; beide Sorten passen gut, wenn ein Säuerungsmittel gefragt ist.

Öl

Distelöl: ein helles Öl mit guten gesundheitlichen Eigenschaften, im Geschmack eher neutral.

Erdnussöl: Erdnussöle mit asiatischer Herkunft haben einen deutlich nussigen Geschmack, insgesamt ist diese Sorte jedoch eher mild und unterstreicht das Aroma anderer Zutaten.

Olivenöl: eines der beliebtesten Öle, das gut verträglich ist und je nach Herkunft, Qualität der Oliven und Art der Verarbeitung goldgelb oder auch grün sein kann. Intensiver Eigengeschmack, der sowohl Salatsaucen als auch warmen Saucen das gewisse Extra geben kann.

Pflanzenöl: Mischung aus den Ölen verschiedener Pflanzen, neutraler Geschmack, oft qualitativ nicht sehr hochwertig.

Sesamöl: dickflüssig und aromatisch nussig, passt, vor allem wenn es aus gerösteten Sesamsamen hergestellt wurde, wunderbar zu Herbstsalaten.

Sonnenblumenöl: gesundes Öl, neutral im Geschmack und daher universell einsetzbar.

Grundsaucen

Saucenrezepte gibt es auf der Welt so viele, dass sie jedes Kochbuch leicht sprengen würden. Kein Wunder, dass in der gehobenen Gastronomie ein Saucier ausschließlich dafür da ist, die perfekte Sauce zu kreieren und zu entscheiden, welche wozu am besten passt.

Drei Basiszubereitungen

Obwohl die Zahl bestehender Rezepte scheinbar unerschöpflich ist, und dazu noch Tag für Tag wächst, gehen die meisten warmen Saucen auf 3 Grundsaucen zurück. Das sind die weiße oder helle, die braune oder dunkle Grundsauce und die Buttersauce. Letztere ist naturgemäß am gehaltvollsten. Trotzdem lohnt es sich nicht, mit Margarine oder anderem Buttersatz zu experimentieren. Wer auf die Figur achten möchte, sollte von vornherein auf eine andere Sauce ausweichen. Wer allerdings eine feine Buttersauce machen will, der sollte auch zur guten Butter greifen, um das volle Geschmackserlebnis genießen zu können.

Bei heller und dunkler Sauce sollte die benötigte Flüssigkeit aus Jus, Glace, Brühe oder Fond bestehen. Natürlich kann man alternativ auch mit Instantbrühe arbeiten, das Aroma kann bisweilen jedoch nicht ganz so kräftig sein.

Fleisch aufsetzen

Abschäumen

Brühe passieren

Jus ist Bratensaft, der entfettet wurde. Er geliert leicht und ist sehr intensiv im Geschmack.

Glace ist Fleischbrühe, die dick eingekocht wurde und daher ebenfalls geschmacksintensiv ist.

Fond schließlich ist Brühe, die durch langes Einkochen reduziert und so intensiviert wurde. Die Basis kann Gemüse, Knochen, Geflügel, Wild oder auch Fisch sein.

Qualität statt Quantität

Es gibt Speisen, die selber saftig und aromatisch genug sind, sodass sie nur durch einen Hauch Sauce abgerundet werden müssen. Andere sind ausgesprochene Saucengerichte, die erst dann gelungen sind, wenn der Teller »schwimmt«. Die benötigten Mengen hängen letztendlich von der eigenen Vorliebe ab. Ein echter Saucenfan hat nach dem Essen gerne einen Rest übrig, den er dann mit einer Kartoffel oder einem Stück Brot quasi als Dessert vertilgen kann. Als Richtwert gilt: Für 4 Personen benötigt man rund 250 ml gebundene Sauce, die als Geschmacksergänzung dienen soll. Bei Ragouts, Spagettischlachten oder Saucengerichten wie Zigeunerklößchen dürfen es gern 500 ml für 4 Personen sein.

Auch bei der Verwendung von Gewürzen gilt bei den Grundsaucen: Weniger ist mehr. Natürlich gibt es auch Saucen mit einer langen Zutatenliste. Diese kann Früchte, Zwiebeln, klein geschnittenes Gemüse, Speck, Sahne und viele andere Leckereien enthalten. Auch die Menge der Gewürze sollte sorgfältig abgeschmeckt werden. Eine feine Buttersauce beispielsweise zu frischem Spargel kann durchaus die Krönung des Gerichts sein, muss aber unbedingt den Spargelgeschmack überleben lassen.

Sparsamkeit ist auch und vor allem beim Salzen angebracht. Immer daran denken: Jus, Fond oder Brühe haben bereits einen kräftigen Geschmack. Wer damit arbeitet, verzichtet zunächst am besten auf Salz, schmeckt zum Schluss ab und salzt dann nur noch nach Bedarf ein wenig nach.

Was passt wozu?

Die edelste Rezeptur ist unbrauchbar, wenn sie nicht zu dem Essen passt, das sie eigentlich krönen sollte. Man stelle sich eine braune Bratensauce zu exotischem Gemüse oder eine Zigeunersauce zu feinem Lachs vor. Zugegeben, hin und wieder kann eine gewagte Kombination zu einem überraschend raffinierten Ergebnis führen. Bevor der Hobbykoch allerdings mutig darauf losexperimentiert wie ein Fünf-Sterne-Profi, sollte er die Kombinationen kennen, die auf jeden Fall passen. Die Vorschläge erheben natürlich keinen Anspruch auf Vollständigkeit, sondern zeigen nur eine Auswahl bewährter Zusammenstellungen.

Saucen zu Fleisch

Die Ur-Sauce ist nichts als Bratensaft. Deshalb passen dunkle Saucen sehr gut zu Fleisch. Aber nicht nur. Hier einige Beispiele von Saucenklassikern, mit denen man nichts falsch machen kann.

Ente: Braune Grundsauce, Orangensauce

Frikadellen bzw. Hackbraten: Chilisauce, Tomatensauce

Gänsebraten: Braune Grundsauce

Geflügel: Sahnesauce, Currysauce mit oder ohne Früchte, Buttersauce, Paprikasauce, Weinsauce

Geflügel gegrillt: Cumberlandsauce
Grillfleisch und -würstchen: Chilisauce, Sauce Béarnaise, Barbecuesauce
Kalbfleisch: Zwiebelsauce, Weißweinsauce, Buttersauce, Tomatenhollandaise
Lamm bzw. Hammel: Sauce Béarnaise, Buttersauce, Minzsauce
Rinderbraten: Madeirasauce, Trüffelsauce
Rindfleisch gekocht: Dillsauce, Zwiebelsauce, Meerrettichsauce, Grüne Sauce
Schweinebraten: Braune Grundsauce
Schweinemedaillons: Cumberlandsauce
Steak und Schnitzel: Sahnesauce, Sauce Béarnaise, Sauce Hollandaise, Barbecuesauce, Paprikasauce
Wild: Braune Grundsauce, Rotweinsauce

Saucen zu Fisch

Ein Klassiker zu Fisch ist Dillsauce. Eine helle Grundsauce mit einer großen Menge des aromatischen Krauts und einem Spritzer Zitrone harmoniert einfach perfekt mit fast jedem Speisefisch. Sehr häufig wird Fisch, vor allem gebratener, auch nur mit zerlassener Butter, die mit Speck aufgewertet sein darf, gegessen. Neben den beiden klassischen Möglichkeiten gibt es auch bei Fisch eine große Vielfalt passender Kombinationen.

Dorsch: Senfsauce, Buttersauce
Forelle: zerlassene Butter
Gold- oder Rotbarsch: Senfsauce, Buttersauce
Kabeljau: Senfsauce, Buttersauce
Karpfen blau: Meerrettichsauce, zerlassene Butter
Makrele gebraten: Dillsauce, Currysauce
Matjesfilet: Remoulade
Schellfisch: Senfsauce, Buttersauce
Seehecht: Tomatensauce
Seelachs: Senfsauce, Buttersauce, Tomatensauce, Remoulade

Krustentiere, Meeresfrüchte und Schnecken

Krabben, Langusten, Muscheln & Co. sind – richtig zubereitet – ein Hochgenuss. Sie haben oft einen sehr feinen Eigengeschmack. Deshalb ist eine Sauce oder ein Dip besonders wichtig, um die Speise perfekt abzurunden. Die folgenden Zusammenstellungen vertragen sich ausgesprochen gut.

Hummer, Langusten und Krebse: Sauce Hollandaise, Weißweinsauce, Tomatensauce, kalte Knoblauchsauce (Aioli)
Muscheln: Weißweinsauce
Schnecken: Weißweinsauce, Buttersauce, zerlassene Kräuterbutter
Tintenfisch: Tomatensauce, Zitronensauce, kalte Knoblauchsauce (Aioli)
Krabben und Garnelen: kalte Knoblauchsauce (Aioli), Kräuterdip, Jogurtdip, Cocktailcreme

Gemüse
Längst hat sich in vielen Haushalten eine vegetarische oder zumindest stark gemüselastige Küche etabliert. Sie ist – vor allem, wenn das Gemüse schonend gedünstet wird – bekömmlich und gut für die Gesundheit. Mit der richtigen Sauce lässt sich der Eigengeschmack jeder Gemüsesorte optimal betonen. Arten mit schwachem eigenen Aroma bekommen die richtige Würze. Roh und in Stifte geschnitten lässt sich Gemüse wie z. B. Rettich, Möhren und Paprika mit der ganzen Variation an Dips genießen.

Artischocken: Sauce Hollandaise, Knoblauchdip
Blumenkohl: Béchamelsauce, Sahnesauce, Buttersauce, Sauce Béarnaise
Bohnen, grün: Specksauce, Buttersauce
Brokkoli: Béchamelsauce, Buttersauce, Sauce Hollandaise
Schikoree: Béchamelsauce
Kartoffeln: Béchamelsauce, Buttersauce, Sauce Hollandaise, Sauce Béarnaise, Grüne Sauce, Kräuterquark, Quarkdips
Lauch: Specksauce, Sahnesauce
Pilze: Sahnesauce, Sauce Hollandaise, Braune Grundsauce, Zwiebelsauce
Rosenkohl: Béchamelsauce, Specksauce
Spargel: Sauce Hollandaise, zerlassene Butter, Sahnesauce, Sauce Béarnaise

Hilfsmittel

In der Küche ist es nicht anders als in der Werkstatt: Ohne gutes Handwerkszeug geht gar nichts. Messer müssen scharf, Quirle & Co. sauber sein. Und alles sollte seinen festen Platz haben, damit man auch in der Eile die richtigen Gerätschaften zur Hand hat.

Töpfe
Ob Chrom- oder Edelstahl, ob Aluminium oder emaillierter Stahl, ist im Grunde eine Entscheidung, die über den Geldbeutel getroffen wird. Wichtig ist, dass die Töpfe zur Größe der Kochplatten passen, damit kei-

ne Energie verschwendet, die gesamte Innenfläche aber auch gleichmäßig erhitzt wird. Die Topfböden müssen außerdem unbedingt plangeschliffen sein, damit sie vollständig auf der Herdplatte aufliegen. Kleiner Tipp: In Aluminiumtöpfen niemals säurehaltige Saucen zubereiten. Sie würden sich verfärben.

Messer und Schneider
Um Zwiebeln und Knoblauch fein zu zerkleinern, gibt es Zwiebelschneider und Knoblauchpresse. Sie erleichtern die Arbeit ungemein. Kräuter lassen sich schnell und gründlich mit einem Wiegemesser hacken. Häufig werden gemahlene oder sehr fein geriebene Produkte benötigt. Nüsse beispielsweise mit einer Reibe zu zerkleinern, ist mühsam und nicht ganz einfach. Besser ist eine Nussmühle, die sogar am Tisch festgeschraubt werden kann. Eine Reibe gehört trotzdem in jede Küche. Mit ihr kann Käse oder auch Orangen- oder Zitronenschale in die Sauce oder den Dip gerieben werden. Auch Gemüseraspel bzw. Gemüsehobel können nützlich sein, wenn man zum Beispiel feine Möhrenstreifen produzieren möchte.

Siebe/Passiermühlen
Siebe sollten am besten in mehreren Größen vorhanden sein. Mit Passiermühlen, die es auch mit praktischen Topfaufsätzen gibt, wird das Durchstreichen der Zutaten durch das Sieb erheblich erleichtert.

Maße
Auf jeden Fall muss ein Messbecher her, der neben der Liter-Einteilung noch weitere Maßangaben für unterschiedlichste Produkte, wie Mehl, Grieß oder Zucker, haben sollte. Auch eine Küchenwaage ist für genaues Abmessen der Zutaten unerlässlich.

Rührer und Mixer
Ein elektrisches Handrührgerät ist ein äußerst angenehmer Küchenhelfer. Es sollte den Schneebesen, mit dem Saucen per Hand aufgeschlagen werden können, jedoch niemals völlig ersetzen. Um die festen Bestandteile einer Sauce oder eines Dips zu pürieren, kann man alles in einen Mixer geben. Schneller und besser geht es mit dem Pürierstab.

Aufbewahren

Idealerweise wird eine Sauce oder ein Dip kurz vor dem Verzehr zubereitet. Manchmal kann es aber sinnvoll sein, auf Vorrat zu kochen. Zum Beispiel wenn man Gemüse- oder Kräutersaucen aus Produkten des eigenen Gartens herstellen möchte. Oder wenn eine Sauce sehr aufwändig ist. Generell ist das kein Problem. Allerdings darf die Sauce keinen hohen Anteil an Milchprodukten haben, da sich die Konsistenz dann unangenehm verändert.

Tiefkühlen
Nichts einfacher als das. Die fertige Sauce in einen sauberen Plastikbehälter geben, der sich vollständig verschließen lässt. Der Behälter muss unbedingt beschriftet werden, damit man später noch weiß, was sich darin befindet und wann es eingefroren wurde. Dann ab in den Tiefkühler. Die Aufbewahrungszeit ist je nach Zutaten äußerst unterschiedlich. Generell sollte man Gefriergut innerhalb einer überschaubaren Zeit verbrauchen.

Einmachen
Beim Einmachen spielt die Hygiene eine große Rolle. Gläser, Deckel und eventuell Gummiringe unbedingt gründlich säubern und mit kochendem Wasser spülen. Die Gläser in ein heißes Wasserbad von un-

gefähr 80 Grad stellen und mit der kochenden Sauce befüllen. Anschließend sofort Deckel aufschrauben oder Glasdeckel auflegen und mit Klammern sichern. Nun lässt man das Wasserbad und damit auch die Einmachgläser langsam vollständig abkühlen. Schließlich unbedingt anhand der Deckel prüfen, ob sich das erwünschte Vakuum gebildet hat. Schraubdeckeln aus Metall kann man das meist schon ansehen, denn sie wölben sich ein wenig nach innen. Zusätzlich sollte man probieren, ob sie sich leicht drehen lassen, was nicht der Fall sein darf. Bei Glasdeckeln die Einmachklammern entfernen und kontrollieren, ob der Deckel trotzdem fest ist.
Sollte ein Glas sich öffnen, kann man den Inhalt entweder am gleichen oder am nächsten Tag verbrauchen. Oder man kocht die Sauce noch einmal auf und wiederholt den Einmachvorgang.

Tipps und Kniffe

Es heißt, dass man bei der Zubereitung einer Sauce am besten seine Liebe zur Kochkunst beweisen kann. Umgekehrt kann eine missratene Sauce leider auch den Genuss eines Essens erheblich schmälern. Umso besser, wenn man einige Kniffe kennt, mit denen das Ergebnis garantiert zum Highlight wird.

Saucen veredeln
Gut Ding will Weile haben. Gute Sauce auch. Gerade solche, die mit Mehl gebunden werden, sollten mit Ruhe und nicht auf die

Schnelle zubereitet werden. Bis das Mehl nämlich richtig aufquillt, muss die Tunke mindestens 10 Minuten unter Rühren bei milder Hitze kochen. Für eine besonders zarte Konsistenz heller Saucen eignet sich ein Schuss Sahne. Um dunkle Saucen zu veredeln, kann man 1–2 Esslöffel Portwein oder Sherry zugeben. Achtung: Alkohol immer zum Schluss unterrühren, damit sich das Aroma nicht verflüchtigt.

Auch Weine geben einer Sauce eine edle Note. Für helle Variationen nimmt man Weiß-, für dunkle Saucen Rotwein. Der Wein muss weder eine Auslese sein noch ein Prädikat aufweisen. Wichtig ist aber, dass er bekömmlich und schmackhaft ist. Einen Wein, den man nicht trinken würde, sollte man keinesfalls zum Kochen verwenden.

Kalorien sparen

Saucen und Dips waren eine Zeit verpönt, weil man glaubte, sie seien die heimlichen Dickmacher jeden Essens. Das stimmt natürlich nicht. Zwar schlägt eine Buttersauce mit einigen Kalorien zu Buche und auch ein Dip mit Crème fraîche ist nicht gerade leichte Kost. Häufig werden diese Variationen aber zu Gemüse oder leichten Speisen gereicht. Und es kommt schließlich auch auf die Menge an. Für Menschen, die gerade auf ihre Figur achten, auf Genuss aber nicht verzichten wollen, gibt es ein paar kleine Tricks, um trotzdem köstliche Saucen auf den Tisch zu bringen.

Statt einer Mehlschwitze tut es auch eine Basis aus Brühe, in der eine oder zwei Kartoffeln mitgekocht werden. Das Ganze mit dem Pürierstab fein zu einer cremigen Sauce schlagen und dann nach Geschmack würzen.

Wer Fond oder Glace zur Herstellung einer hellen oder dunklen Grundsauce selbst kocht, kann leicht Fett sparen. Einfach die Brühe über Nacht erkalten lassen und das erstarrte Fett am nächsten Morgen abheben.

Bei Salatsaucen und Dips kann Majonäse durch Jogurt ersetzt oder zumindest damit verlängert werden.

Gibt man in eine Vinaigrette nur wenig Öl, dafür aber etwas Apfelsaft, schont sie nicht nur die Figur, sondern schmeckt auch fruchtig-frisch.

Selbst bei einer Mehlschwitze, die Grundlage vieler Saucen ist, lassen sich Kalorien einsparen. Das Mehl einfach in einem Topf ohne Fett rösten, bis es duftet. Dann Brühe oder andere Flüssigkeit nach und nach unterrühren, schließlich würzen.

Wenn die Hollandaise »abhaut«

Es gibt Saucen, die gelingen einfach immer. Das ist vor allem dann der Fall, wenn die Konsistenz keine große Rolle spielt. Falls Sie in Schwierigkeiten geraten, hier ein paar »Erste-Hilfe-Maßnahmen«: Ist eine gebundene Variante wässrig geraten, rührt man etwas Mehl in kaltes Wasser ein und gießt diese Mischung unter Rühren in die heiße Sauce. Alternativ kann man 1 oder 2 gekochte Kartoffeln reiben und in die Sauce geben. Anschließend das Ganze am besten mit dem Pürierstab bearbeiten, bis alles schön sämig ist. Ist die Tunke einmal zu dick geworden, hilft natürlich Wasser, etwas Brühe oder Wein. Dann unbedingt noch einmal abschmecken.

Will die Sauce nicht so recht Geschmack bekommen, helfen kräftige Gewürze wie Salz, Kräutersalz, Pfeffer, Curry oder Chili. Auch Jus oder Fond geben intensives Aroma. Ist dagegen das Salz ausgerutscht oder zu viel Pfeffer in den Topf gelangt, muss Rettung her. Eine zu salzige oder zu saure Mischung schmeckt nach der Zugabe von etwas Ahornsirup milder. Sahne oder Crème fraîche verlängern die Sauce, schwächen den übermäßigen Geschmack und machen alles schön cremig. Zur Not gibt man Wasser zu, bis das Aroma gut ist und dickt dann noch einmal nach.

Majonäse und Sauce Hollandaise sind echte Herausforderungen, selbst für Profis. Es lohnt sich trotzdem, sie selber zu machen, statt zu Fertigprodukten zu greifen. Eine Hollandaise zeigt sehr deutlich, wenn sie »abgehauen«, also nicht gelungen ist. Statt eine cremige Konsistenz zu haben, wird sie flockig. Das passiert dann, wenn ein Missverhältnis zwischen Emulgatoren und Fett vorliegt. Die Lösung: In eine Schüssel oder einen kleinen Topf, den man in ein warmes Wasserbad stellt, gibt man etwa ein halbes Schnapsglas Wasser und wenige Tropfen Essig. Die misslungene Sauce gut rühren und dann vorsichtig unter kräftigem Schlagen (mit der Hand!) in den Topf mit der Wasser-Essig-Mischung gießen. Hilft diese Methode nicht, muss ein Eigelb her. Es sollte Zimmertemperatur haben. Das Eigelb in eine saubere Schüssel geben. Nun die »abgehauene« Sauce langsam und unter ständigem Rühren zum Ei geben. Mit der Eigelb-Methode kann man übrigens auch Majonäse retten, wenn sie geronnen sein sollte.

Fertigprodukte

Eigentlich heißt die Devise: Frisch soll es sein. Aber manchmal ist die Zeit einfach knapp, die passenden Zutaten sind nicht im Haus und es gibt sie außerhalb der Saison nicht oder nur sehr schwer zu kaufen. Eine schnelle und einfache Alternative sind Fertigsaucen zum Anrühren oder Aufwärmen. Es gibt sie in Hülle und Fülle und ihre Qualität ist oft sehr gut. Trocken-Fertigmischungen entstehen, indem Gemüse das Wasser entzogen wird und Kräuter, Gewürze und andere Zutaten zugefügt werden. Oft können die Saucen aber auch direkt aus der Packung genommen und im Topf oder in der Mikrowelle aufgewärmt werden. Ein weiterer Vorteil der Fertigprodukte ist, dass auf der Packung alle Zutaten genau aufgeführt werden. So kann jeder sehen was »drin« ist.

Und nun viel Spaß mit den leckeren Rezepten!

Nudelsaucen

Ochsenschwanzsugo (Abb. S. 15)

Zutaten:
1,2 kg Ochsenschwanz, gehackt
2 Schalotten
2 Knoblauchzehen
3 Stangen Sellerie
2 Möhren
2–3 EL Öl
2 Stängel Majoran
Salz
Pfeffer aus der Mühle
300 ml kräftiger Rotwein
800 g stückige Tomaten (Dose)
400 ml Rinderbrühe (Instant)
1 EL Tomatenmark
2 EL Balsamico-Essig
1 Prise Zucker
Spagetti

Zubereitungszeit: 40 Min.

EW	Fett	KH	kcal/kJ
47 g	6 g	5 g	301/1273

■ Ochsenschwanz kurz waschen und trockentupfen.
■ Schalotten und Knoblauch schälen und fein hacken. Sellerie waschen, putzen und in dünne Scheiben schneiden. Möhren schälen und würfeln.
■ Öl erhitzen und Ochsenschwanz darin von allen Seiten kräftig anbraten. Schalotten, Knoblauch, Möhren und Sellerie dazugeben und 2–3 Minuten mitbraten. Hitze reduzieren. Majoran waschen, trockenschütteln und Blätter von den Stängeln zupfen. Sauce mit Salz und Pfeffer würzen und Majoranstängel zugeben. Rotwein angießen und fast vollständig verkochen lassen, dann Tomaten, Brühe und Tomatenmark zugeben. Zugedeckt bei milder Hitze ca. 150 Minuten köcheln lassen. Majoranstängel entfernen.
■ Ochsenschwanz aus der Sauce heben und Fleisch von den Knochen lösen. Mit Majoranblättern zur Sauce geben und mit Balsamico-Essig, Zucker, Salz und Pfeffer würzen.
■ Sauce nochmals erhitzen und nach Wunsch mit Spagetti servieren.
■ Ergibt 6 Portionen.

Tipp
Den Ochsenschwanz können Sie direkt beim Metzger klein hacken lassen.

Gorgonzola-Walnuss-Sauce

Zutaten:
500 g Sahne
150 g Gorgonzola
Kräutersalz
Pfeffer aus der Mühle
50 g Parmesan, gerieben
100 g Walnüsse, fein gehackt

■ Sahne in einem Topf unter Rühren langsam erhitzen. Gorgonzola in kleine Stücke schneiden und in der Sahne schmelzen lassen. Mit Kräutersalz und Pfeffer abschmecken. Parmesan und Walnüsse zufügen und unter Rühren vorsichtig erhitzen. Sauce möglichst heiß servieren.

Zubereitungszeit: 30 Min.

EW	Fett	KH	kcal/kJ
18 g	70 g	6 g	738/3058

Käsesauce

■ Eigelb mit 2 EL Sahne vermischen. Schalotte und Knoblauch in Olivenöl anschwitzen. Mit Weißwein ablöschen, restliche Sahne zugeben und kurz köcheln lassen.

■ Käse reiben, untermischen und schmelzen lassen. Sahne-Eigelb-Mischung in die heiße Sauce geben, nicht mehr kochen. Mit Salz, Pfeffer und Muskat abschmecken.

Zubereitungszeit: 20 Min.

EW	Fett	KH	kcal/kJ
4 g	18 g	2 g	198/820

Zutaten:
1 Eigelb, 150 g Sahne
1 Schalotte, gehackt
1 Knoblauchzehe, gehackt, Olivenöl
50 ml Weißwein
50 g Gruyère
Salz, Pfeffer, Muskat

Olivenpesto

Zutaten:
100 g Parmesan
80 g Mandeln, gemahlen
300 g mit Sardellen gefüllte grüne Oliven
1 Knoblauchzehe
80 ml Olivenöl

Zubereitungszeit: 30 Min.

EW	Fett	KH	kcal/kJ
20 g	43 g	2 g	480/1986

Tipp
Olivenpesto eignet sich auch hervorragend zum Abschmecken von Suppen oder Saucen.

■ 80 g Parmesan reiben. Mandeln in einer Pfanne ohne Fett anrösten. Oliven klein schneiden. Knoblauch schälen und mit den restlichen Zutaten pürieren.

■ Mit Parmesanhobeln garniert servieren.

Frische Tomatensauce

Zutaten:
750 g Tomaten
80 g Butter
10–12 Basilikumblätter
Salz
schwarzer Pfeffer aus der Mühle

Zubereitungszeit: 20 Min.

EW	Fett	KH	kcal/kJ
2 g	17 g	5 g	184/764

Tipp
Man kann die Tomatensauce auch mit dem Stabmixer pürieren und dann noch etwas einkochen lassen, bevor die restliche Butter zugefügt wird.

■ Tomaten in kochendem Wasser blanchieren, einritzen, abschrecken und häuten. Fruchtfleisch quer zur Blüte in Scheiben und dann in Würfel schneiden, dabei das gelbe Mark und die Kerne entfernen.
■ Die Hälfte der Butter in einer hochwandigen Pfanne erhitzen, Tomatenstücke hinzufügen und wenige Minuten einkochen lassen.
■ Tomatensauce mit grob geschnittenen Basilikumblättern, Salz und Pfeffer abschmecken und restliche Butter in Flöckchen daruntermischen.

Sauce Bologneser Art

Zutaten:
1 Zwiebel
2 Knoblauchzehen
30 g durchwachsener Speck, 1 EL Öl
400 g Tatar, Kräutersalz
1 EL Dijon-Senf
2 EL eingelegte Pfefferkörner
125 ml Weißwein
250 ml Fleischbrühe
1 Fleischtomate
30 g Sahne

■ Zwiebel und Knoblauch schälen und fein hacken. Speck würfeln. Zwiebel, Knoblauch und Speck in Öl anbraten. Tatar zugeben, unter Rühren kurz braten. Mit Kräutersalz, Senf und Pfefferkörnern würzen. Wein und Brühe angießen, 5 Minuten kochen lassen.
■ Tomate überbrühen, häuten, Stielansatz und Kerne entfernen, Fruchtfleisch würfeln. Tomatenwürfel unter die Sauce mengen, 2 Minuten kochen. Mit Sahne verfeinern.

Zubereitungszeit: 30 Min.

EW	Fett	KH	kcal/kJ
25 g	11 g	5 g	250/1046

Tomaten-Gemüse-Sauce

■ Tomaten mit kochendem Wasser überbrühen, häuten und Fruchtfleisch grob hacken. Zwiebeln, Knoblauchzehen, Möhren und Sellerie schälen. Paprikaschote halbieren, mit Lauch und Zucchini putzen und waschen. Alles in feine Würfel schneiden.

■ Petersilie waschen, trockenschleudern und fein hacken.

■ Öl in einem großen Topf erhitzen, Zwiebeln, Knoblauch, Möhre, Sellerie, Paprika, Lauch und Zucchini darin anbraten. Mit italienischen Kräutern, Currypulver, Salz, Pfeffer und Zucker kräftig würzen.

■ Wenn die Gemüsewürfel Farbe annehmen, Tomaten und Petersilie dazugeben und alles ca. 20 Minuten einkochen lassen. Mit Salz, Pfeffer und Zucker abschmecken und servieren.

■ Ergibt 8 Portionen.

Zubereitungszeit: 30 Min.

EW	Fett	KH	kcal/kJ
9 g	3 g	24 g	162/695

Zutaten:
1,5 kg vollreife Tomaten
2 Zwiebeln
4–5 Knoblauchzehen
2 Möhren
1/4 Knolle Sellerie
1 gelbe Paprikaschote
1 kleine Stange Lauch
1 Zucchini
1 Bd. Petersilie
4 EL Olivenöl
1/2 TL italienische Kräuter
1/2 TL Currypulver
Salz, Pfeffer
1 TL Zucker

Estragonsauce

Zutaten:
1 Zwiebel
40 g Butter
30 g Mehl
400 ml Hühnerbrühe
125 g Sahne
1 EL Estragon, gehackt
1 Fleischtomate
2 EL Crème fraîche
Salz
Pfeffer aus der Mühle
2 EL trockener Weißwein

■ Zwiebel schälen und fein hacken. In heißer Butter glasig andünsten. Mehl darüberstäuben, anschwitzen, mit Hühnerbrühe und Sahne ablöschen. Estragon einrühren und Sauce 15 Minuten bei schwacher Hitze köcheln lassen.
■ Tomate überbrühen, häuten, Stielansatz und Kerne entfernen. Fruchtfleisch fein würfeln und mit Crème fraîche zur Sauce geben. Kräftig aufkochen.
■ Sauce mit Salz, Pfeffer und Weißwein abschmecken.

Zubereitungszeit: 20 Min.

EW	Fett	KH	kcal/kJ
5 g	24 g	8 g	281/1167

Bunte Gemüsesauce

Zutaten:
1 EL Butter
1 EL Mehl
200 ml Milch
2 EL saure Sahne
Salz, Pfeffer aus der Mühle, Muskat
1 TL Zitronensaft
1 Möhre
50 g Knollensellerie
100 g Lauch
100 g Brokkoli
Spagetti

Zubereitungszeit: 30 Min.

EW	Fett	KH	kcal/kJ
3 g	7 g	6 g	102/426

■ Butter zerlassen, Mehl hineinrühren und Milch angießen. Unter Rühren erhitzen, saure Sahne untermischen, mit Salz, Pfeffer und Muskat würzen und mit Zitronensaft abschmecken.
■ Möhre schälen und fein würfeln, Sellerie waschen und ebenfalls würfeln. Lauch waschen und in Ringe schneiden. Brokkoli waschen und in Röschen zerteilen. Lauch und Brokkoli in Salzwasser bissfest garen.
■ Gemüse mit der Sauce mischen, nochmals erhitzen und nach Wunsch mit gekochten Spagetti anrichten.

Hot Chilisauce

- Zwiebel schälen und fein würfeln. Olivenöl erhitzen und Zwiebel darin andünsten.
- Paprika- und Chilischoten halbieren, Kerne entfernen. Lauch putzen, waschen, beides in feine Streifen schneiden und mit andünsten.
- 300 ml Wasser angießen, Tomatenmark einrühren und aufkochen lassen.
- Basilikum waschen, trockenschütteln und fein hacken, dazugeben und Sauce mit Salz und Pfeffer abschmecken.
- Nach Wunsch zu Spiralnudeln servieren.

Zubereitungszeit: 20 Min.

Zutaten:
1 Zwiebel
1 EL Olivenöl
je 1 kleine rote und gelbe Paprikaschote
2 rote Chilischoten
1 Stange Lauch
2 EL Tomatenmark
1/2 Bd. Basilikum
Spiralnudeln

EW	Fett	KH	kcal/kJ
3 g	1 g	7 g	52/223

Pesto

Zutaten:
150 g junge Spinat- oder Mangoldblätter
2 Bd. Basilikum oder glatte Petersilie (ca. 100 g)
3–4 Knoblauchzehen
6 Walnusskerne
1 EL Pinienkerne
1 EL weiche Butter oder 125 ml Olivenöl
125 ml kaltgepresstes Olivenöl
75 g Parmesan, gerieben
50 g Pecorino, gerieben
Salz
schwarzer Pfeffer aus der Mühle

■ Spinat- oder Mangoldblätter verlesen, grobe Stiele entfernen und Blätter gründlich waschen. Die tropfnassen Blätter bei mittlerer Hitze zugedeckt zusammenfallen lassen und anschließend in einem Sieb gut abtropfen lassen.

■ Basilikum- oder Petersilienblättchen von den Stängeln zupfen, abbrausen und trockenschleudern, Knoblauchzehen schälen.

■ Gut abgetropften Spinat oder Mangold, Basilikum- oder Petersilienblättchen, geschälte Knoblauchzehen, Walnuss- und Pinienkerne mit weicher Butter in einem Mörser zu einer gleichmäßigen Paste zerstoßen oder mit 125 ml Olivenöl im Mixer fein pürieren.

■ Restliches Olivenöl, Käse und wenig Salz unter die Paste rühren. Mit schwarzem Pfeffer abschmecken.

■ Vor dem Servieren die Sauce mit 3–4 EL kochend heißem Nudelwasser cremig aufschlagen.

■ Ergibt 12 Portionen.

Zubereitungszeit: 30 Min.

EW	Fett	KH	kcal/kJ
4 g	27 g	2 g	275/1138

Linsenragout

■ Linsen mit Wasser bedeckt über Nacht einweichen. Tomaten überbrühen, häuten, entkernen und in Würfeln schneiden. Knoblauchwurst fein würfeln. Möhre schälen und ebenfalls fein würfeln. Sellerie waschen und klein schneiden. Zwiebel schälen und fein hacken. Pfefferschote entkernen, waschen und in feine Streifen schneiden.

■ Zwiebel, Pfefferschote, Knoblauchwurst und durchgepressten Knoblauch in heißem Öl anschwitzen, Linsen mit Einweichwasser und Wein dazugeben und 30–40 Minuten köcheln lassen, 10 Minuten vor Ende der Garzeit Möhre und Sellerie unterrühren und mitgaren lassen.

■ Tomaten einrühren, kurz mitdünsten, mit Salz, Pfeffer, gehackten Thymianblättchen und Balsamico-Essig abschmecken.

Zubereitungszeit: 30 Min.

EW	Fett	KH	kcal/kJ
8 g	7 g	11 g	162/682

Zutaten:
200 g braune Linsen
2 Tomaten
100 g Knoblauchwurst
1 Möhre
1 Stange Sellerie
1 Zwiebel
1 rote Pfefferschote
2 Knoblauchzehen
4 EL Olivenöl
125 ml trockener Weißwein
Salz
Pfeffer aus der Mühle
1 TL Thymianblättchen
2 EL Balsamico-Essig

Rote Muschelsauce

Zutaten:
1 Zwiebel
3 EL Olivenöl
5 große Tomaten
3 Knoblauchzehen
Salz, Pfeffer
1 kg Miesmuscheln
2 EL Petersilie, fein gehackt

Zubereitungszeit: 25 Min.

EW	Fett	KH	kcal/kJ
26 g	4 g	6 g	170/721

- Zwiebel schälen und hacken.
- Öl in einem Topf erhitzen, Zwiebel darin unter Rühren 5 Minuten andünsten.
- Tomaten überbrühen, häuten, vom Stielansatz befreien und würfeln. Knoblauch schälen und fein hacken. Tomaten und Knoblauch zu den Zwiebeln geben, salzen, pfeffern und alles bei schwacher Hitze 30 Minuten köcheln lassen.
- Inzwischen Muscheln unter fließendem kaltem Wasser gründlich säubern. Geschlossene Muscheln ohne weitere Flüssigkeitszugabe zugedeckt in einem großen Topf erhitzen, ab und zu schütteln. Nach 5–10 Minuten müssen sich alle Muscheln geöffnet haben. Geschlossene Muscheln aussortieren, die restlichen aus der Schale nehmen.
- Flüssigkeit durch ein Sieb gießen und auffangen. Muscheln mit Flüssigkeit und Petersilie in die heiße Tomatensauce geben. 2 Minuten ziehen lassen.

Kichererbsensauce

Zutaten:
2 EL Öl, 30 g Butter
50 g magerer Räucherspeck, 1 kleine Dose geschälte Tomaten
Salz, 250 g Sahne
100 g Kichererbsen (Dose), 50 g Parmesan, gerieben

- In einer Pfanne Öl und Butter erhitzen. Räucherspeck würfeln und im heißen Fett leicht anbräunen.
- Tomaten zufügen und mit einer Gabel leicht zerdrücken. Etwas salzen und 30 Minuten köcheln lassen.
- Sahne, abgetropfte Kichererbsen und Parmesan unterrühren. Sauce 5 Minuten köcheln lassen.

Zubereitungszeit: 5 Min.

EW	Fett	KH	kcal/kJ
19 g	68 g	14 g	741/3112

Nusssauce

Zutaten:
100 g Haselnüsse
100 g Walnüsse
100 g Rosinen
2 frische Peperoni
30 g Butter
4 Zimtstangen
250 ml Kalbs- oder Hühnerbrühe
3 EL trockener Weißwein
4 EL Basilikumblätter
1/2 Zitrone (unbehandelt)

Zubereitungszeit: 30 Min.

- Haselnüsse in einer Pfanne bei schwacher Hitze ohne Fett goldbraun rösten, abkühlen lassen und in ein Sieb geben. Die braunen Häutchen der Nusskerne an den Siebwänden abreiben, Haselnüsse grob hacken.
- Walnüsse fein reiben. Rosinen grob hacken, Peperoni entkernen, waschen und fein hacken.
- Butter in einer Pfanne schmelzen. Rosinen, Peperoni, Haselnüsse, Walnüsse und Zimtstangen darin unter Wenden anbraten. Mit Brühe und Weißwein ablöschen und etwas einkochen lassen.
- Basilikum waschen, trockenschleudern und in Streifen schneiden. Von der Zitronenhälfte Schale dünn abreiben. Basilikum und Zitronenschale unter die Nusssauce mengen, Zimtstangen entfernen.

EW	Fett	KH	kcal/kJ
7 g	37 g	22 g	464/1930

KLASSIKER

Sauce Hollandaise (Abb. S. 25)

Zutaten:
200 g Butter
3 Eigelb
Salz
weißer Pfeffer
Zitronensaft

EW	Fett	KH	kcal/kJ
1 g	43 g	0 g	394/1620

■ Butter in einem Topf schmelzen, vom Herd nehmen und Schaum abschöpfen.
■ Eigelb mit 1 EL Wasser in einer Edelstahlschüssel gründlich verrühren und die Schüssel in ein leicht siedendes Wasserbad stellen. Geklärte Butter zunächst tropfenweise, dann in einem dünnem Strahl unter ständigem Rühren mit dem Schneebesen zugeben, bis eine dickliche Sauce entsteht.
■ Mit Salz, weißem Pfeffer und einem Schuss Zitronensaft abschmecken.

Zubereitungszeit: 30 Min.

Sauce Mousseline

Zutaten:
250 g Butter
1 EL Weißweinessig
Pfeffer aus der Mühle
3 Eigelb
Salz, 250 g Sahne

EW	Fett	KH	kcal/kJ
1 g	43 g	0 g	394/1620

■ Butter in einem kleinen Topf schmelzen, vom Herd nehmen und Schaum abschöpfen.
■ In einem zweiten kleinen Topf Essig mit 3 EL Wasser und Pfeffer auf 1 Teelöffel Flüssigkeit einkochen lassen. Abkühlen lassen, Eigelb unterrühren. Mischung im heißen Wasserbad unter ständigem Rühren mit dem Schneebesen zu einer dicklichen Creme schlagen. Löffelweise geschmolzene Butter unterschlagen. Mit Salz abschmecken.
■ Sahne steif schlagen, 2–3 EL Sahne unter die Sauce rühren, restliche Sahne rasch unterziehen.

Zubereitungszeit: 30 Min.

Braune Grundsauce

Zutaten:
1,5 kg Rinds- oder Kalbsknochen, klein gehackt
500 g Suppenfleisch
30 g Speck, Salz
2 EL Öl
150 g Suppengrün
100 g Zwiebeln
1 Knoblauchzehe
30 g Mehl
2 TL Tomatenmark
250 ml Weißwein
5 Pfefferkörner
Thymian, 1 Lorbeerblatt
1/2 Bd. Petersilie
Selleriegrün
10 g Speisestärke

■ Knochen, Suppenfleisch und Speck leicht salzen. Öl in einem großen Topf erhitzen. Knochen, Fleisch und Speck darin kräftig anbraten. Nach und nach etwas Wasser zugeben und verrühren.
■ Suppengrün waschen, trockentupfen und grob würfeln. Zwiebeln und Knoblauch schälen und hacken. Beides in den Topf geben. Mehl darüberstäuben und unter Rühren anbraten. Tomatenmark zugeben und kurz mitrösten. Mit 200 ml Weißwein ablöschen. Pfefferkörner, Thymian, Lorbeerblatt, Petersilie und Selleriegrün zugeben und mit 2,5 l Wasser aufgießen. Alles zugedeckt bei schwacher Hitze ca. 2 Stunden köcheln lassen. Dabei immer wieder umrühren und das Fett abschöpfen.
■ Sauce durch ein feines Sieb passieren und abschmecken. Restlichen Weißwein mit Speisestärke verrühren und Sauce damit binden.

Zubereitungszeit: 35 Min.

EW	Fett	KH	kcal/kJ
42 g	20 g	14 g	456/1907

Remoulade

■ Ein feines Sieb mit Küchenpapier auslegen und Jogurt darin abtropfen lassen.

■ Kapern abspülen und abtropfen lassen. Petersilie, Kerbel und Estragon waschen, trocknen und die Blättchen hacken. Gurken abtropfen lassen und ebenfalls hacken.

■ Sardellenpaste, Senf und Majonäse verrühren. Jogurt untermischen. Kräuter und Gurken sorgfältig unterrühren, Kapern unterheben.

■ Remoulade mit Salz, Pfeffer und Zucker abschmecken und für ca. 30 Minuten kalt stellen.

■ Ergibt 4–6 Portionen.

Zubereitungszeit: 30 Min.

EW	Fett	KH	kcal/kJ
2 g	1 g	4 g	31/133

Zutaten:
150 g fettarmer Jogurt
120 g kleine Kapern
je 1/2 Bd. Petersilie und Kerbel
3 Stängel Estragon
60 g kleine Gewürzgurken (Cornichons)
1–2 TL Sardellenpaste (Fertigprodukt)
2 EL scharfer Senf
200 g Majonäse
Salz, Pfeffer
1 Prise Zucker

Senfsauce

Zutaten:
150 g Butter
2 Eigelb
Saft von 1 Zitrone
Salz
weißer Pfeffer aus der Mühle
1 EL scharfer Senf
einige Estragonblätter

Zubereitungszeit: 15 Min.

EW	Fett	KH	kcal/kJ
2 g	35 g	1 g	325/1340

■ 1 EL Butter in einer kleinen Kasserolle mit schwerem Boden zerlassen, 3 EL Wasser angießen und mit dem Schneebesen gründlich verrühren. Vom Herd nehmen und Eigelb unter ständigem Schlagen dazugeben.

■ Kasserolle wieder auf den Herd stellen und restliche Butter in Stückchen nach und nach bei leichter Hitze unter ständigem Weiterschlagen mit der Eimasse vermischen, Sauce darf nicht aufkochen. Zitronensaft sowie etwas Salz und Pfeffer hinzufügen.

■ Sauce vom Herd nehmen, mit Senf verrühren und mit klein geschnittenen Estragonblättern würzen.

Bratensauce

Zutaten:
1 Kalbsknochen, klein gehackt, 1 Möhre
100 g Knollensellerie
100 g Petersilienwurzel
1 Zwiebel
1 Zweig Rosmarin
5 Pfefferkörner, 3 EL Öl
150 ml Weißwein
500 ml Kalbsfond
1 EL getrocknete Steinpilze
50 g Sahne, Salz

■ Kalbsknochen kurz abwaschen. Möhre, Sellerie und Petersilienwurzel schälen und in kleine Würfel schneiden. Zwiebel schälen und achteln.

■ Knochen und Gemüse mit Rosmarin und Pfefferkörnern in heißem Öl anrösten, bis sich am Pfannenboden ein brauner Fond ansetzt. Mit Weißwein ablöschen und Kalbsfond angießen. Steinpilze zugeben und Sauce 3–4 Stunden leise köcheln lassen.

■ Durch ein Sieb gießen und entfetten. Sahne einrühren und mit Salz abschmecken.

Zubereitungszeit: 25 Min.

EW	Fett	KH	kcal/kJ
10 g	6 g	6 g	148/620

Béchamelsauce

■ Butter oder Margarine in einem kleinen Topf bei mittlerer Hitze langsam schmelzen lassen. Mehl nach und nach mit einem Schneebesen unterrühren und Masse kurz aufschäumen lassen.
■ Milch unter ständigem Rühren dazugießen und bei geöffnetem Deckel 4–5 Minuten kochen lassen. Sauce dabei zwei- bis dreimal kräftig umrühren.
■ Mit Salz, weißem Pfeffer aus der Mühle Muskatnuss und Zitronensaft pikant abschmecken.

Zubereitungszeit: 20 Min.

Tipp
Der Name »Muskatnuss« ist eigentlich irreführend, denn es handelt sich um den »Kern« einer pfirsichartigen Frucht, die zur Reifezeit aufspringt.

Zutaten:
30 g Butter oder Margarine
30 g Mehl
500 ml Milch
Salz
weißer Pfeffer aus der Mühle
Muskatnuss, gerieben
Zitronensaft

EW	Fett	KH	kcal/kJ
5 g	10 g	11 g	161/673

Rotwein-Pfeffer-Sauce

Zutaten:
3 Schalotten, 400 ml Rotwein, 200 ml Fleischfond
100 ml Portwein
1 kleines Lorbeerblatt
5 schwarze Pfefferkörner
1-2 Zweige Thymian
100 g Butter
2 EL eingelegte grüne Pfefferkörner, Salz

Zubereitungszeit: 20 Min.

■ Schalotten schälen und sehr fein würfeln.

■ Rotwein mit Fleischfond, Portwein, Schalottenwürfeln, Lorbeerblatt, schwarzen Pfefferkörnern und Thymian in einen Topf geben und bei großer Hitze um die Hälfte einkochen lassen.

■ Fond durch ein Sieb gießen und nach Wunsch nochmals einkochen lassen. Butter in kleinen Flocken dazugeben und mit dem Schneebesen unterschlagen.

■ Grüne Pfefferkörner unter heißem Wasser abspülen, abtropfen lassen, hinzufügen und Sauce nochmals leicht erwärmen. Mit Salz abschmecken und sofort servieren.

EW	Fett	KH	kcal/kJ
9 g	22 g	7 g	319/1321

Cumberlandsauce

Zutaten:
1 Orange (unbehandelt)
125 ml Rotwein
125 g Johannisbeergelee

■ Orange waschen, trockenreiben, Schale sehr dünn abschälen und in dünne Streifen schneiden. Orange halbieren und auspressen. Orangenschale in Orangensaft und der Hälfte des Rotweins blanchieren.

■ Johannisbeergelee durch ein Sieb streichen, mit Prei-

Cumberlandsauce (Fortsetzung)

selbeerkompott, restlichem Rotwein, Rotweinsud, Orangenschale und Zitronensaft verrühren. Mit Ingwerpulver und Cayennepfeffer abschmecken.

- Senf mit 1 EL Wasser verrühren, Mischung unter die Sauce mengen. Sauce mindestens 12 Stunden im Kühlschrank abgedeckt ziehen lassen.

EW	Fett	KH	kcal/kJ
0 g	0 g	37 g	172/732

125 g Preiselbeerkompott
1 EL Zitronensaft
1 Msp. Ingwerpulver
Cayennepfeffer
1 TL Dijon-Senf

Zubereitungszeit: 30 Min.

Weißweinsauce

- Schalotte schälen und in feine Ringe schneiden, in heißem Öl glasig dünsten. Weißwein dazugeben. Wermut angießen und Mischung zum Kochen bringen.
- Fischfond und Sahne dazugießen. Butter in Stücken unterrühren. Sauce pürieren und mit Zitronensaft, Salz und Cayennepfeffer abschmecken.

Zubereitungszeit: 30 Min.

EW	Fett	KH	kcal/kJ
3 g	7 g	2 g	103/427

Zutaten:
1 Schalotte
Öl
100 ml Weißwein
2 EL Wermut
400 ml Fischfond
2 EL Sahne
20 g Butter
Zitronensaft
Salz
Cayennepfeffer

Dunkle Einbrennsauce

Zutaten:
40 g Butterschmalz
50 g Mehl, 1/2 Zwiebel
500 ml Fleischbrühe
Salz

Zubereitungszeit: 20 Min.

■ Butterschmalz in einem Topf stark erhitzen, Mehl darin unter ständigem Rühren mittelbraun anschwitzen.
■ Zwiebelhälfte schälen und fein hacken, zugeben und dunkelbraun rösten. Fleischbrühe einrühren, salzen und 30 Minuten offen köcheln lassen. Nochmals abschmecken.

EW	Fett	KH	kcal/kJ
5 g	13 g	9 g	176/732

Sauce Béarnaise

Zutaten:
1 Schalotte
3 Zweige Estragon
3 EL Weißweinessig
1 TL Pfefferkörner, zerstoßen
Salz
2 Eigelb
250 g Butter
grüner Spargel

■ Schalotte schälen und fein hacken. Vom Estragon Blättchen abzupfen. Essig in einem gusseisernen oder dickwandigen Topf zum Kochen bringen.
■ Schalotte, Estragonzweige, Pfefferkörner und Salz zufügen und Flüssigkeit bis auf die Menge von 1 EL einkochen. Durchseihen und abkühlen lassen.
■ Flüssigkeit wieder in den Topf zurückgeben, sanft unter Rühren erhitzen. Eigelb dazugeben und mit dem Schneebesen aufschlagen – dabei vorsichtig heiß werden lassen. Wenn die Masse schaumig und weißlich ist, Butter nach und nach zufügen und einschlagen.

Zubereitungszeit: 20 Min.

EW	Fett	KH	kcal/kJ
2 g	55 g	1 g	511/2101

■ Zum Schluss abgezupfte Estragonblättchen hacken und untermischen. Noch einmal abschmecken und nach Wunsch mit grünem Spargel servieren.

Frankfurter Grüne Sauce

Zutaten:
50 g Kräuter (z. B. Petersilie, Schnittlauch, Dill, Kerbel, Borretsch, Sauerampfer, Estragon)
1 kleine Zwiebel
150 g Majonäse
150 g Jogurt
Aromat Universal
Salz
weißer Pfeffer
Zitronensaft

Zubereitungszeit: 30 Min.

EW	Fett	KH	kcal/kJ
3 g	33 g	5 g	327/1351

■ Kräuter waschen, trockenschleudern und hacken. Zwiebel schälen und ebenfalls hacken.
■ Majonäse und Jogurt verrühren, mit Aromat, Salz, Pfeffer und Zitronensaft abschmecken. Kräuter und Zwiebel unterheben.

Tipp
Frankfurter Grüne Sauce passt gut zu Kartoffeln und Eiern, gekochtem Fleisch und Frikadellen.

Dillsauce

■ Zwiebel schälen und fein würfeln. Fleischbrühe erhitzen, Zwiebel zugeben und bei starker Hitze auf etwa die Hälfte einkochen lassen. Hälfte der Sahne zugeben und nochmals einkochen lassen.
■ Topf vom Herd nehmen und Butterflöckchen unter Rühren mit dem Schneebesen unterziehen.
■ Restliche Sahne steif schlagen, Dill unterheben und Dillsahne unter die Sauce ziehen. Mit Zitronensaft, Kräutersalz und weißem Pfeffer abschmecken.

EW	Fett	KH	kcal/kJ
2 g	14 g	2 g	139/573

Zutaten:
1 kleine Zwiebel
125 ml Fleischbrühe
125 g Sahne
15 g Butter
2 EL Dill, gehackt
1 TL Zitronensaft
Kräutersalz, Pfeffer

Zubereitungszeit: 25 Min.

Helle Schinkensauce

Zutaten:
1 Zwiebel
1 Scheibe roher Schinken (40 g)
3 EL Butter
2 EL Mehl
125 ml Brühe (Instant)
200 ml Milch
Salz
Pfeffer

Zubereitungszeit: 30 Min.

EW	Fett	KH	kcal/kJ
4 g	14 g	7 g	175/735

■ Zwiebel schälen und hacken. Schinken würfeln. Butter in einem Topf zerlassen, Zwiebel- und Schinkenwürfel 7–10 Minuten dünsten. Mit Mehl bestäuben, verrühren und 3 Minuten anschwitzen. Mit Brühe und Milch aufgießen und mit dem Schneebesen durchschlagen.
■ Topf abdecken und Sauce 5 Minuten kochen lassen. Mit Salz und Pfeffer abschmecken. Nach Wunsch zu gekochtem Gemüse servieren.

Weiße Sauce

Zutaten:
30 g Butter
2 EL Mehl
600 ml Milch
275 g Sahne
1 Prise Salz
weißer Pfeffer
Muskatnuss, gerieben

Zubereitungszeit: 20 Min.

■ Butter zerlassen, Mehl darin bei schwacher Hitze 3 Minuten unter Rühren anschwitzen.
■ Unter ständigem Schlagen mit dem Schneebesen Milch angießen. Aufkochen und bei schwacher Hitze ca. 45 Minuten köcheln lassen, dabei ab und zu umrühren.
■ Sauce durch ein Sieb in einen zweiten Topf seihen und Sahne einrühren. Mit Salz, Pfeffer und Muskatnuss abschmecken.

EW	Fett	KH	kcal/kJ
7 g	33 g	9 g	365/1515

Jägersauce

■ Zwiebel schälen und fein hacken. Champignons putzen, mit Küchenpapier abreiben, evtl. abspülen und in feine Scheiben schneiden.
■ Butter in einer Pfanne erhitzen. Zwiebel darin glasig dünsten und anschließend Champignonscheiben hinzufügen und erhitzen.
■ Zwiebel und Champignons mit Weißwein ablöschen und mit Brühe auffüllen. Alles zum Kochen bringen und ca. 10 Minuten kochen lassen.
■ Sauce mit Salz und Pfeffer pikant abschmecken.

EW	Fett	KH	kcal/kJ
3 g	4 g	2 g	67/281

Zutaten:
1 Zwiebel
250 g Champignons
2 EL Butter
2 EL Weißwein
350 ml Fleischbrühe
Salz
Pfeffer aus der Mühle

Zubereitungszeit: 20 Min.

Orangensauce à la Hollandaise

■ Butter in einem Topf langsam schmelzen lassen. Eigelb und Weißwein im Wasserbad schaumig schlagen. Nach und nach flüssige Butter und Orangensaft unterschlagen und mit Salz, Cayennepfeffer und Essig abschmecken.
■ Walnüsse unterrühren und Sauce sofort servieren.

Zubereitungszeit: 20 Min.

Zutaten:
150 g Butter
3 Eigelb
50 ml trockener Weißwein
Saft von 1 Orange
Salz
Cayennepfeffer
1 TL Himbeeressig
2 EL Walnüsse, gehackt

EW	Fett	KH	kcal/kJ
4 g	42 g	5 g	426/1756

Tipp
Schmeckt zu feinem gegarten Gemüse wie z. B. jungen Möhren, Zuckerschoten, Blumenkohl und weißem Spargel oder hellem Fleisch.

Hausgemachte Majonäse

Zutaten:
5 Eigelb
2–3 EL mittelscharfer Senf
1 EL Worcestersauce
1 TL Zucker
900 ml Sonnenblumenöl
5 EL Zitronensaft
3 EL Obstessig, Salz
schwarzer Pfeffer
Weißwein

Zubereitungszeit: 30 Min.

■ Eigelb zusammen mit Senf, Worcestershiresauce und Zucker in eine Schüssel geben und mit dem Schneebesen schaumig schlagen.
■ Sonnenblumenöl nach und nach unter die Eimasse rühren. Wenn die Majonäse fest zu werden beginnt, Zitronensaft und Obstessig zufügen. 2–3 Minuten rühren, dann mit Salz, Pfeffer und Weißwein abschmecken.
■ Ergibt 6–8 Portionen.

EW	Fett	KH	kcal/kJ
3 g	155 g	2 g	1428/5876

Tipp
Achten Sie immer darauf, dass alle Zutaten Zimmertemperatur haben, sonst bindet die Majonäse nicht.

Helle Einbrennsauce

Zutaten:
30 g Butter
1/4 Zwiebel
40 g Mehl
500 ml Kalbs-, Geflügel- oder Fischbrühe
Salz

■ Butter in einem Topf schmelzen. Zwiebelviertel schälen und fein hacken. Mehl und Zwiebel in Butter andünsten und hellgelb rösten. Nach und nach unter Rühren Brühe angießen, glatt rühren, mit Salz abschmecken und 10–15 Minuten offen köcheln lassen. Nochmals abschmecken.

Zubereitungszeit: 20 Min.

EW	Fett	KH	kcal/kJ
4 g	9 g	8 g	135/563

Buttersauce

Zutaten:
2 Eigelb
250 g Butter
3 EL Mehl
Salz
2 TL Zitronensaft
weißer Pfeffer

EW	Fett	KH	kcal/kJ
3 g	55 g	5 g	530/2185

■ Eigelb mit 2 EL kaltem Wasser verschlagen, beiseite stellen.
■ 60 g Butter bei schwacher Hitze schmelzen, Mehl zugeben und unter Rühren anschwitzen. 600 ml Salzwasser angießen. Flüssigkeit unter Rühren zum Kochen bringen, vom Herd nehmen, etwas abkühlen lassen und Eigelb unterrühren.
■ Sauce bei schwacher Hitze so lange rühren, bis sie eine dicke Konsistenz bekommt. Nicht mehr kochen lassen.
■ Topf vom Herd nehmen, Zitronensaft unterrühren und restliche Butter in kleinen Stücken nach und nach unterschlagen. Mit Salz und Pfeffer abschmecken.

Zubereitungszeit: 30 Min.

SAUCEN FÜR FLEISCH UND FISCH

Trüffelsauce (Abb. S. 37)

Zutaten:
15 g schwarze Trüffel
25 ml Madeira
20 g Schalotten
100 ml Rotwein
450 ml Demi-Glace
15 g Butter
Salz
Pfeffer

Zubereitungszeit: 30 Min.

- Trüffel gründlich abbürsten und fein hacken. In einen Topf geben und mit Madeira rasch auf die Hälfte reduzieren lassen.
- Schalotten schälen und hacken. Mit Rotwein in einem zweiten Topf 20 Minuten einkochen. Demi-Glace dazugeben und kurz kochen lassen.
- Sauce durch ein feines Drahtspitzsieb zu den Trüffeln passieren. Nochmals 5 Minuten leicht kochen lassen, mit Butterflocken verfeinern, mit Salz und Pfeffer abschmecken.

Tipp
Demi-Glace ist ein stark reduzierter Fond. Er gilt als das Geheimnis großer Köche!

EW	Fett	KH	kcal/kJ
3 g	6 g	4 g	106/439

Minzsauce

Zutaten:
6–8 Zweige Minze
75 g Rohrzucker
125 ml Malzessig (ersatzweise Balsamico-Essig)
Salz

Zubereitungszeit: 30 Min.

- Minze waschen und trockentupfen. Blättchen abzupfen. Die Hälfte beiseite stellen. Übrige Minze mit 2 EL Zucker im Mörser zerstoßen.
- Restlichen Zucker mit 6 EL Wasser aufkochen. Minzpüree und Essig zum Zuckerwasser geben. Mit Salz würzen und 2–3 Stunden ruhen lassen.
- Restliche Minzblätter sehr fein hacken. Minzsauce pürieren und abschmecken. Mit Minze bestreut servieren.

EW	Fett	KH	kcal/kJ
0 g	0 g	18 g	74/313

Zitronensauce

Zutaten:
1 Zwiebel
20 g Butter
125 ml Weißwein
250 g Sahne
Salz
weißer Pfeffer
1 Zitrone (unbehandelt)

- Zwiebel schälen und fein hacken. Butter schmelzen und Zwiebelwürfel darin glasig dünsten. Mit Weißwein ablöschen, Sahne angießen und Sauce einkochen lassen. Mit Salz und Pfeffer würzen.
- Etwas Zitronenschale fein abreiben, Saft der Zitrone auspressen und beides zur Sauce geben. Gut durchrühren und heiß servieren.

Zubereitungszeit: 20 Min.

EW	Fett	KH	kcal/kJ
2 g	24 g	5 g	269/1111

Heiße Remoulade

Zutaten:
2 Frühlingszwiebeln
1 Stange Sellerie
1/2 TL schwarze Pfefferkörner
1 Lorbeerblatt
250 ml Dessertwein
150 g kleine Essiggurken
1 Bd. Petersilie
1/2 Bd. Schnittlauch
2 EL Kapern
6 Sardellenfilets
150 g Butter
4 Eigelb
1/2 TL Senfpulver (ersatzweise 1 TL scharfer Senf)
Salz
Cayennepfeffer

Zubereitungszeit: 25 Min.

EW	Fett	KH	kcal/kJ
6 g	39 g	5 g	435/1818

- Frühlingszwiebeln und Sellerie waschen, trockentupfen und zerkleinern. Pfefferkörner in einem Mörser mahlen und alles zusammen mit Lorbeerblatt und 200 ml Dessertwein zum Kochen bringen. Auf die Hälfte einkochen, durch ein Sieb seihen und Reduktion beiseite stellen.
- Essiggurken sehr klein würfeln, Petersilie und Schnittlauch waschen, trockenschütteln und fein schneiden. Kapern abgießen und mit den Sardellenfilets grob hacken.
- Butter zerlassen. In einem Wasserbad Eigelb mit restlichem Wein, Reduktion und Senfpulver mit dem Schneebesen oder einem Handrührgerät dick und schaumig schlagen – nicht zu lange, sonst gerinnt das Eigelb.
- Schüssel mit Eischaum vom Wasserbad nehmen. Unter ständigem Rühren Butter hineinlaufen lassen. Essiggurken, Kräuter, Kapern und Sardellen unterheben, mit Salz und Cayennepfeffer abschmecken und servieren.

Tipp
Heiße Remoulade passt am besten zu panierten Gerichten: panierte Fischfilets oder Fischstäbchen, panierte Kalbsschnitzel oder Kalbsfilets.

Tomatenhollandaise

Zutaten:
500 g Tomaten
150 g Schalotten
1/2 Knolle Fenchel
1 Lorbeerblatt
1/2 Bd. Estragon
2 Zweige Zitronenthymian
1 EL Pfeffer aus der Mühle
6 EL Weißweinessig
200 g Butter, Salz
5 Eigelb
Cayennepfeffer, Muskat

Zubereitungszeit: 40 Min.

EW	Fett	KH	kcal/kJ
7 g	51 g	6 g	510/2132

■ Tomaten kurz mit kochendem Wasser überbrühen, anschließend kalt abschrecken, häuten, vierteln und entkernen. Das Innere der Tomate aufbewahren und beiseite stellen. Tomatenfruchtfleisch in kleine Würfel schneiden.

■ Schalotten schälen, Fenchel waschen und beides grob zerkleinern. Lorbeerblatt, Estragon und Thymian waschen und trockenschütteln. Estragonblättchen von den Stielen streifen, hacken und beiseite stellen. Schalotten und Fenchel zusammen mit Lorbeerblatt, Estragonstielen, Thymian, geschrotetem Pfeffer, Weißweinessig und 150 ml Wasser aufkochen.

■ Tomateninneres dazugeben und Flüssigkeit um die Hälfte einkochen lassen. Anschließend durch ein feines Sieb gießen und beiseite stellen.

■ In der Zwischenzeit Tomatenwürfel mit 2 EL Butter und 1 Prise Salz 6–7 Minuten bei mittlerer Hitze dünsten.

■ Restliche Butter zerlassen, Eigelb mit 125 ml reduzierter Flüssigkeit und 2 EL Wasser über einem kochenden Wasserbad mit einem Schneebesen oder einem Rührgerät schaumig schlagen. Vom Herd nehmen und unter ständigem Rühren Butter einlaufen lassen. Tomaten unterheben und mit Cayennepfeffer und Muskat abschmecken.

Scharfe Sauce

Zutaten:
1 EL Gemüse- oder Rindfleischbrühe (Instant)
1 EL scharfer Senf
1 TL Sambal Oelek
3 EL Weißwein- oder Kräuteressig
Salz
5 EL Sonnenblumenöl
einige Blätter Koriandergrün oder Kerbel

Zubereitungszeit: 15 Min.

■ 250 ml Wasser aufkochen, Brühe hineingeben und rühren, bis sie sich aufgelöst hat. Senf, Sambal Oelek, Essig, Salz und Öl unter die heiße Brühe mischen.
■ Koriandergrün oder Kerbel waschen, trockentupfen und mit einem scharfen Messer sehr fein schneiden. Mit der kalten Sauce mischen.

EW	Fett	KH	kcal/kJ
1 g	13 g	0 g	125/516

Tipp
Die Schärfe des Senfs ist abhängig von der Senfsaat. Je mehr braune Senfsaat verwendet wird, desto schärfer ist der Senf.

Currysauce

Zutaten:
1 Gemüsezwiebel
30 g Butter
1/2 EL Currypulver
200 ml Fleischbrühe
1 Apfel
200 ml Milch
1 TL Speisestärke
2 Blätter Zitronenmelisse
90 ml Ananassaft
1 EL Mangochutney (Fertigprodukt)
Salz, Pfeffer

■ Zwiebel schälen und fein würfeln. Butter schmelzen lassen und Zwiebel darin glasig braten. Currypulver einrühren und mit 150 ml Fleischbrühe auffüllen.
■ Apfel schälen, vom Kerngehäuse befreien und in die Sauce raspeln. Milch zugießen und die Sauce ca. 25 Minuten köcheln lassen. Speisestärke mit restlicher Brühe anrühren und Sauce damit binden.
■ Zitronenmelisse waschen und fein hacken. Mit Ananassaft und Mangochutney unter die Sauce rühren. Mit Salz und Pfeffer abschmecken.

Zubereitungszeit: 20 Min.

EW	Fett	KH	kcal/kJ
4 g	9 g	11 g	147/616

Specksauce

Zutaten:
160 g durchwachsener Speck
10 g Butter
250 g Zwiebeln
2 TL Kümmel
Salz
Pfeffer
375 ml Fleischbrühe

■ Speck in kleine Würfel schneiden. Butter in einer Pfanne zerlassen, Speck darin anbraten.
■ Zwiebeln schälen, fein würfeln, zum Speck geben und glasig dünsten. Kümmel darüberstreuen, mit Salz und Pfeffer würzen und mit Fleischbrühe aufgießen.
■ Sauce 10 Minuten köcheln lassen. Nochmals abschmecken.

Zubereitungszeit: 25 Min.

EW	Fett	KH	kcal/kJ
7 g	30 g	4 g	318/1315

Paprika-Chili-Sauce

Zutaten:
450 g Tomaten
100 g Zwiebeln
100 g rote Paprikaschote
1–2 Chilischoten
125 ml Weißweinessig
50 ml Balsamico-Essig
je 1/2 TL Paprikapulver, Chilipulver, Ingwerpulver
1/2 TL Senfkörner
Salz
Pfeffer
250 g Gelierzucker

Zubereitungszeit: 25 Min.

EW	Fett	KH	kcal/kJ
2 g	0 g	68 g	290/1236

■ Tomaten mit kochendem Wasser überbrühen, häuten und klein schneiden. Zwiebeln schälen, grob zerkleinern, Paprika waschen, halbieren und entkernen. Chilischoten längs aufritzen ebenfalls entkernen und waschen.
■ Alle Zutaten im Mixer oder mit einem Pürierstab pürieren.

In einen Topf füllen, aufkochen lassen. 20–30 Minuten auf kleiner Flamme köcheln lassen, bis die Masse breiig ist.

Ananas-Mango-Sauce (Abb. vorne)

■ Mango schälen und in kleinen Stücken vom Kern schneiden. Apfel halbieren, je 1 Hälfte ungeschält in kleine Stücke schneiden. Die andere Hälfte schälen und mit Mangostücken grob pürieren. Fanta Mandarine und Apfelstückchen zum Püree geben.

■ Ananasringe abtropfen lassen, klein schneiden und dazugeben.

Zubereitungszeit: 10 Min.

Zutaten:
1 Mango, 1 Apfel
50 ml Fanta Mandarine
1 Dose Ananas (300 g)

EW	Fett	KH	kcal/kJ
1 g	1 g	36 g	157/670

Chili-Knoblauch-Sauce (Abb. hinten)

■ Knoblauch schälen und durchpressen. Zusammen mit übrigen Zutaten gut verrühren oder in einen Shaker geben und kräftig schütteln.

EW	Fett	KH	kcal/kJ
1 g	0 g	13 g	57/243

Tipp
Die Sauce passt gut zu Lammkoteletts, Chickenwings, Spareribs oder Schnitzeln.

Zubereitungszeit: 10 Min.

Zutaten:
1 Knoblauchzehe
250 ml Coca-Cola
10 EL Chiliketschup
5 Tropfen grüner Tabasco
Salz
Pfeffer
Paprikapulver

Feine helle Sauce (Abb. hinten)

Zutaten:
125 g Butter
2 Eigelb
2 EL Weißwein
1 EL Sojasauce
1 EL Zitronensaft
weißer Pfeffer
1 Prise Ingwerpulver

Zubereitungszeit: 15 Min.

- Butter in einer Pfanne bei mittlerer Hitze schmelzen lassen und mit einer Kelle den Schaum abschöpfen.
- Eigelb und Weißwein in eine Metallschüssel geben und im Wasserbad mit dem Schneebesen schaumig schlagen.
- Butter tropfenweise unter ständigem Schlagen dazugeben. Mit Sojasauce, Zitronensaft, Pfeffer und Ingwerpulver abschmecken.

EW	Fett	KH	kcal/kJ
3 g	56 g	4 g	531/2223

Tipp
Verwenden Sie helle Sojasauce für dieses Rezept. Sie reift kürzer als dunkle, ist sehr aromatisch und zum Kochen besser geeignet.

Würzige Bratensauce (Abb. S. 44 vorne)

■ Bratensatz mit Rotwein ablöschen, etwas einkochen lassen. Sojasauce und Sahne zufügen, gut verrühren und nochmal auf die Hälfte einkochen lassen. Topf vom Herd nehmen, Butter unterrühren. Sauce mit Pfeffer abschmecken.

Zubereitungszeit: 30 Min.

EW	Fett	KH	kcal/kJ
2 g	24 g	3 g	261/1077

Zutaten:
ca. 100 ml Bratensatz
125 ml Rotwein
1 EL Sojasauce
250 g Sahne
1 EL Butter
Pfeffer

Sauerampfersauce

■ Sauerampfer verlesen, entstielen, gründlich waschen, harte Hauptrippe entfernen und große Blätter in breite Streifen schneiden. Schalotten schälen und in Würfel schneiden.

■ Brühe in einen breiten, flachen Topf geben und Wein, Wermut und Schalottenwürfel zufügen. Bei starker Hitze so lange einkochen lassen, bis die Flüssigkeit eine sirupartige Konsistenz hat.

■ Crème fraîche dazugeben und das Ganze erneut einkochen, bis die Sauce dicklich ist. Sauerampfer 30 Sekunden in der Sauce durchkochen.

■ Sauce vom Herd nehmen und Butter in Flöckchen hinzufügen, dabei vorsichtig ein- bis zweimal umrühren.

■ Sauerampfersauce mit Zitronensaft, Salz und Pfeffer abschmecken.

Zutaten:
80 g Sauerampfer
2 Schalotten
125 ml Fleisch- oder Fischbrühe (Instant)
5 EL Weißwein
4 EL trockener Wermut
150 g Crème fraîche
40 g Butter
Saft von 1/2 Zitrone
Salz
weißer Pfeffer aus der Mühle

Zubereitungszeit: 10 Min.

EW	Fett	KH	kcal/kJ
2 g	24 g	3 g	260/1092

Tipp
In gut sortierten Gemüsegeschäften bekommen Sie gezüchteten Sauerampfer.

Morchel-Sahne-Sauce

Zutaten:
30 g getrocknete Morcheln
1 Schalotte
15 g Butter
125 ml Sherry
250 g Sahne
Salz
weißer Pfeffer
Cayennepfeffer

Zubereitungszeit: 30 Min.

■ Morcheln 2 Stunden in Wasser einweichen. Abgießen, Einweichwasser auffangen und durch einen Kaffeefilter gießen. Morcheln nochmals gründlich waschen, vierteln und im Einweichwasser 20 Minuten garen.
■ Schalotte schälen, sehr fein hacken und in Butter glasig dünsten. Mit Sherry und Morchelwasser ablöschen.

■ Sauce durch ein Sieb streichen und stark einkochen. Morcheln und Sahne dazugeben. Sauce weiterköcheln lassen, bis sie cremig wird. Mit Salz, Pfeffer und etwas Cayennepfeffer würzen.

EW	Fett	KH	kcal/kJ
2 g	23 g	3 g	261/1078

Scharfe Tomatensauce

Zutaten:
500 g vollreife Tomaten
1 kleine Zwiebel
2 Knoblauchzehen
1–2 rote Chilischoten
2 EL Olivenöl
1 EL Sojasauce
1/2 TL Zucker
Reisessig
3 Zweige Basilikum

Zubereitungszeit: 55 Min.

EW	Fett	KH	kcal/kJ
5 g	13 g	16 g	207/867

■ Tomaten überbrühen, häuten und in Würfel schneiden. Zwiebel und Knoblauch fein hacken, Chilischoten halbieren, von den Kernen befreien und in Streifen schneiden.

■ Olivenöl erhitzen, Zwiebel, Knoblauch und Chilis darin andünsten. Tomaten, Sojasauce und Zucker hinzufügen.
■ 30 Minuten köcheln lassen. Mit Essig abschmecken. Basilikum waschen, trockentupfen und Blätter abzupfen. In Streifen schneiden und unter die Sauce mischen.

Preiselbeer-Orangen-Sauce

■ Preiselbeeren sorgfältig verlesen, vorsichtig waschen und auf einem Sieb abtropfen lassen. Orange mit sehr heißem Wasser waschen und Schale auf einer Reibe dünn abreiben oder mit einem Sparschäler schälen.

■ Preiselbeeren, Orangenschale, Rotwein, Zucker, Nelken und Zimtstange in einem Topf zum Kochen bringen und ca. 10 Minuten kochen. Nelken und Zimtstange herausnehmen und Sauce fein pürieren.

EW	Fett	KH	kcal/kJ
0 g	0 g	31 g	147/625

Zubereitungszeit: 30 Min.

Zutaten:
200 g frische Preiselbeeren
1 Orange (unbehandelt)
100 ml Rotwein
100 g Zucker
2 Nelken
1/2 Zimtstange

Tipp
Schmeckt kalt besonders gut zu Wildgerichten.

Paprikasauce

Zutaten:
1 Zwiebel
30 g Butter
1 große gelbe oder rote Paprikaschote
200 g Frischkäse
70 g Sahne
Kräutersalz
weißer Pfeffer
Cayennepfeffer
1 EL Zitronensaft
1 EL Schnittlauchröllchen

■ Zwiebel schälen und fein hacken. Butter in einem Topf erhitzen und Zwiebel darin glasig dünsten.

■ Paprikaschote halbieren, putzen, waschen und in kleine Würfel schneiden. In die Pfanne geben und 10 Minuten zugedeckt dünsten.

■ Frischkäse und Sahne unterrühren und die Mischung 5 Minuten köcheln lassen. Mit Salz, Pfeffer, Cayennepfeffer und Zitronensaft pikant abschmecken.

■ Im Mixer cremig pürieren, in eine Schüssel füllen und mit Schnittlauch garnieren.

■ Kalt stellen und gut gekühlt servieren.

Zubereitungszeit: 30 Min.

EW	Fett	KH	kcal/kJ
7 g	28 g	5 g	297/1229

Kirschsauce

Zutaten:
500 g Süßkirschen
150 ml Kirschsaft
75 ml Rotwein
1/2 TL Zitronenschale (unbehandelt)
1/2 TL Zimtpulver
Zucker

■ Kirschen waschen, entstielen und entsteinen. Mit Kirschsaft, Rotwein, Zitronenschale und Zimt in einem Topf 15 Minuten köcheln lassen.

■ Kirschen durch ein Sieb streichen. Fruchtpüree weitere 10 Minuten kochen. Mit Zucker abschmecken.

Zubereitungszeit: 15 Min.

EW	Fett	KH	kcal/kJ
1 g	0 g	21 g	107/456

Tipp
Kirschsauce passt sehr gut zu Wild und Wildgeflügel.

Sauce Mornay

Zutaten:
30 g Butter
30 g Mehl
500 ml Milch
Salz
Muskatnuss, gerieben
weißer Pfeffer
50 g Käse, gerieben
50 g Sahne
2 Eigelb

■ Butter in einem Topf bei schwacher Hitze schmelzen lassen, Mehl darin hell anschwitzen. Topf kurz vom Herd nehmen, kalte Milch nach und nach mit dem Schneebesen einrühren.

■ Mit Salz, Muskatnuss und Pfeffer würzen und die Sauce 15 Minuten halb zugedeckt köcheln lassen. Hitze anschließend reduzieren.

■ Käse, Sahne und Eigelb unterziehen und gut durchschlagen, bis sich der Käse aufgelöst hat.

Zubereitungszeit: 30 Min.

EW	Fett	KH	kcal/kJ
9 g	19 g	11 g	257/1070

Frucht- und Gemüsedips

Schneller Paprikadip (Abb. S. 49)

Zutaten:
1 rote Chilischote
2 Zweige Thymian
370 g Tomatensauce (Fertigprodukt)
100 ml Cremefine
Salz
Zucker
Pfeffer

■ Chilischote halbieren, entkernen, waschen und fein würfeln. Thymian waschen, trockenschütteln, Blättchen abzupfen und fein hacken.

■ Tomatensauce mit Cremefine verrühren. Chili und Thymianblättchen unterheben und mit Salz, Zucker und Pfeffer abschmecken.

Zubereitungszeit: 15 Min.

EW	Fett	KH	kcal/kJ
2 g	6 g	8 g	94/393

Bagna cauda

Zutaten:
6 Knoblauchzehen
6 Sardellenfilets
60 g Butter
250 ml Olivenöl

Zubereitungszeit: 20 Min.

■ Knoblauchzehen schälen und im Mörser mit Sardellenfilets zu einer Paste zerdrücken.

■ Butter in einem Topf bei schwacher Hitze schmelzen lassen, Paste darin erhitzen, mit Olivenöl aufgießen. Heiß servieren.

EW	Fett	KH	kcal/kJ
7 g	75 g	3 g	723/2981

Exotischer Dip

Zutaten:
1/2 reife Mango
1/2 Banane
1 Scheibe Ananas
1 EL Zitronensaft
175 g Jogurt
2 EL Crème fraîche
1 TL Ingwer
1 Msp. Sambal Oelek
1 Msp. Senf
1 TL Currypulver
1 Msp. Piment, gemahlen
1 Msp. Koriander, gemahlen
Kräutersalz, Pfeffer

■ Mango schälen, Fruchtfleisch vom Kern schneiden. Banane schälen. Mango, Banane und Ananas fein würfeln, mit Zitronensaft beträufeln.

■ Jogurt mit Crème fraîche cremig rühren. Ingwer dünn schälen und fein reiben. Zusammen mit Sambal Oelek, Senf, Currypulver, Piment und Koriander untermengen.

■ Früchte dazugeben und mit Salz und Pfeffer abschmecken.

Zubereitungszeit: 30 Min.

EW	Fett	KH	kcal/kJ
2 g	6 g	15 g	125/526

Tipp

Sambal Oelek ist eine indonesische scharfe Gewürzpaste, die u. a. aus Chilischoten, Peperoni und Knoblauch besteht.

Teriyaki-Gemüse-Dip (Abb. links)

- Gurke und Radieschen waschen und in sehr kleine Würfel schneiden. Melone schälen und ebenfalls fein würfeln.
- Gemüse- und Fruchtwürfel in einer Schale mischen, Honig und Teriyaki zugeben.
- Dip mit Kardamom und Sambal Oelek abschmecken und zugedeckt im Kühlschrank 15 Minuten durchziehen lassen.

Zubereitungszeit: 25 Min.

EW	Fett	KH	kcal/kJ
1 g	0 g	6 g	32/134

Zutaten:
1/4 Gurke
6–8 Radieschen
1/4 reife Netzmelone
1/2 TL Honig
1–2 EL Teriyaki
1–2 Msp. Kardamom
1 Msp. Sambal Oelek

Exotisches Trauben-Kresse-Chutney (Abb. rechts)

- Zwiebel schälen und sehr fein würfeln. Im heißen Öl glasig dünsten. Kreuzkümmel und Zimt dazugeben. Mit Gemüsesaft und Teriyaki ablöschen. Bei mittlerer Hitze auf die Hälfte einkochen lassen.
- Trauben waschen, halbieren oder vierteln und Feigensenf dazugeben. Alles in der Pfanne kräftig durchschwenken, einmal aufkochen. Abkühlen lassen. Kresse und Minzeblättchen waschen, klein schneiden, unter das abgekühlte Chutney mischen.

Zubereitungszeit: 30 Min.

EW	Fett	KH	kcal/kJ
1 g	3 g	6 g	55/230

Zutaten:
1 rote Zwiebel, 1 EL Öl
1 Msp. Kreuzkümmel
1 Msp. Zimt
250 ml Gemüsesaft
2 EL Teriyaki
ca. 15 helle Trauben
1 EL Feigensenf
(ersatzweise 1 TL Senf und etwas Zucker)
1 EL Kresse
1 Zweig Minze

Roter Orangendip

Zutaten:
2 Orangen (unbehandelt)
300 g Bitterorangen-marmelade
140 g Johannisbeergelee
2 EL Orangenlikör
2 EL Campari
8 EL Orangensaft
4 EL Zitronensaft
Meerettich, gerieben
Cayennepfeffer

■ Orangen waschen, trocknen, Schale dünn abschälen und in feine Streifen schneiden. Schalen in etwas Wasser 6–8 Minuten weich kochen, dabei Wasser zweimal wechseln.

■ Orangenmarmelade und Johannisbeergelee durch ein feines Sieb streichen und mit Likör, Campari, Orangen- und Zitronensaft verrühren. Sauce mit Meerrettich und Cayennepfeffer abschmecken, Orangenschale daruntermischen und Dip für 2 Stunden kalt stellen.

Zubereitungszeit: 30 Min.

EW	Fett	KH	kcal/kJ
2 g	0 g	81 g	357/1518

Dip Höllenfeuer

Zutaten:
100 g Zwiebeln
600 g Gewürzketschup
Tabasco

■ Zwiebeln schälen und fein hacken. Gewürzketschup mit Zwiebeln verrühren und mit Tabasco scharf abschmecken.

Zubereitungszeit: 10 Min.

EW	Fett	KH	kcal/kJ
0 g	0 g	69 g	281/1196

Mandel-Paprika-Dip

Zutaten:
200 g gegrillte rote Paprikaschoten (Glas)
40 g Mandeln, gehackt
1 Zwiebel
1 Knoblauchzehe
1/2 Bd. Pfefferminze
2 EL Zitronensaft
Salz, Pfeffer

Zubereitungszeit: 15 Min.

EW	Fett	KH	kcal/kJ
33 g	17 g	40 g	455/1903

■ Paprika in einem Sieb abtropfen lassen. Mandeln in einer beschichteten Pfanne ohne Fett goldbraun rösten.

■ Inzwischen Zwiebel schälen und würfeln. Knoblauch schälen und hacken. Minze waschen, trockenschütteln und Blättchen abzupfen. Mit Paprika, Mandeln, Zwiebel, Knoblauch und Zitronensaft im Mixer pürieren, salzen und pfeffern.

■ Schmeckt besonders zu gegrilltem Fleisch.

Knoblauch-Mandel-Creme

■ Mandeln in kochendes Wasser geben, 1 Minute stehen lassen. Kalt abschrecken und Haut abziehen. Mandeln fein mahlen.

■ Knoblauch schälen und durchpressen. Mandeln und Knoblauch mit Salz im Mörser zu einer feinen Paste verarbeiten. Weißbrot mit etwas Wasser befeuchten, gründlich in die Paste einarbeiten.

■ Öl nach und nach unterrühren. Essig dazugeben und mit Salz herzhaft abschmecken.

EW	Fett	KH	kcal/kJ
6 g	37 g	2 g	440/1824

Zutaten:
80 g Mandeln
2 Knoblauchzehen
Salz
150 g Weißbrot, in Würfeln
100 ml Olivenöl
3 EL Weißweinessig

Zubereitungszeit: 20 Min.

Pflaumenketschup

Zutaten:
500 g Pflaumen
125 g Schalotten
1 Knoblauchzehe
1 Stück frischer Ingwer (ca. 4 cm)
1 Orange (unbehandelt)
1 rote Chilischote
4 EL Rotwein
2–3 EL Balsamico-Essig
70 g brauner Zucker
1/2 TL Muskatblüten
1/2 TL Zimt
Salz

Zubereitungszeit: 40 Min.

EW	Fett	KH	kcal/kJ
1 g	0 g	35 g	159/679

- Pflaumen waschen, halbieren und entkernen. Schalotten und Knoblauch schälen und würfeln. Ingwer ebenfalls schälen und in Würfel schneiden.
- Orange heiß abspülen, trockentupfen und dünn schälen, ohne die weiße Haut mit abzuschneiden. Schalen fein hacken und kurz in kochendem Wasser blanchieren. Orange auspressen.
- Chilischote längs aufschlitzen, entkernen, waschen, trockentupfen und fein hacken.
- Pflaumen, Schalotten, Knoblauch und Ingwer mit Rotwein, Orangensaft und -schale sowie Essig, Zucker, Chilischote und Gewürzen in einem Topf unter ständigem Rühren bei schwacher Hitze zum Kochen bringen.
- Alles zugedeckt ca. 15 Minuten köcheln lassen, dann weitere 30 Minuten ohne Deckel bei schwacher Hitze einkochen lassen.
- Sauce im Mixer pürieren, erneut in den Topf geben und erhitzen. Falls nötig nochmals mit den Gewürzen abschmecken, in ein Schälchen geben und abkühlen lassen.

Tipp
Luftdicht verschlossen und im Kühlschrank aufbewahrt hält sich das Ketschup ca. 3 Wochen lang.

Salsa verde

Zutaten:
1 Bd. Petersilie
1 EL Basilikumblättchen
1 Knoblauchzehe
2 EL Kapern
2 Sardellenfilets
2 EL Paniermehl
Salz
2 EL Balsamico-Essig
125 ml Olivenöl
Pfeffer, frisch gemahlen

- Petersilie und Basilikum waschen und trockentupfen. Petersilie entstielen und fein hacken. Basilikumblätter, geschälte Knoblauchzehe, Kapern und Sardellen ebenfalls fein hacken.
- Paniermehl mit Salz und Essig verrühren und mit den gehackten Zutaten vermischen. Nach und nach Öl unterrühren, bis eine halbfeste Sauce entsteht. Mit frisch gemahlenem Pfeffer pikant abschmecken.

Zubereitungszeit: 30 Min.

EW	Fett	KH	kcal/kJ
6 g	32 g	5 g	334/1383

Rote Eiertunke

Zutaten:
2 Eier
2 EL Senf
Saft von 1/2 Zitrone
1 EL Tomatenmark
2 EL Rotwein
4 EL Olivenöl
1 Knoblauchzehe
Salz
schwarzer Pfeffer
Zucker

- Eier in 10 Minuten hart kochen. Anschließend schälen, Eigelb und Eiweiß trennen. Eiweiß grob hacken, beiseite stellen. Eigelb mit Senf und Zitronensaft glatt rühren. Tomatenmark und Rotwein untermengen. Olivenöl tropfenweise einrühren, bis sich alle Zutaten miteinander verbunden haben. Knoblauch schälen und dazupressen. Mit Salz, Pfeffer und Zucker abschmecken. Mit gehacktem Eiweiß bestreut servieren.

Zubereitungszeit: 20 Min.

EW	Fett	KH	kcal/kJ
4 g	13 g	3 g	155/644

Mole Poblano

Zutaten:
3 Fleischtomaten
3 Paprikaschoten
2 Chilischoten
8 EL Erdnussöl
1 rote Zwiebel
2–3 Knoblauchzehen
75 g Mandeln, geschält
50 g Erdnüsse, geröstet
2 Gewürznelken
1/2 Zimtstange
3 schwarze Pfefferkörner
1 Msp. Anissamen
1 Msp. Koriandersamen
50 g Rosinen
60 g Zartbitter-schokolade
1 EL Rohrzucker
600 ml Hühnerbrühe (Instant)
Salz
25 g Sesam

Zubereitungszeit: 40 Min.

■ Tomaten, Paprika- und Chilischoten im auf 250 Grad vorgeheizten Backofen rösten, bis sie kräftig braun sind und die Haut Blasen wirft. In ein feuchtes Küchentuch wickeln und 5 Minuten ruhen lassen. Häuten, Kerne entfernen und erkalten lassen.

■ Alles grob hacken und in 3 EL Öl braten, bis kaum noch Flüssigkeit vorhanden ist. Im Mixer pürieren und beiseite stellen.

■ Zwiebel und Knoblauch schälen, grob würfeln und in 1 EL Öl glasig dünsten.

■ Mandeln, Erdnüsse und Gewürze in 2 EL Öl unter Rühren goldbraun rösten. Mit Zwiebel, Knoblauch und Rosinen im Mixer zu einem glatten Püree verarbeiten. Schokolade fein würfeln.

■ Restliches Öl in einem Topf erhitzen und alle pürierten Zutaten darin unter ständigem Rühren ca. 5 Minuten köcheln lassen. Schokolade und Zucker zufügen und unter Rühren schmelzen lassen. Brühe nach und nach angießen.

■ Die Sauce aufkochen, bei schwacher Hitze ca. 60 Minuten leise köcheln lassen. Mit Salz abschmecken. Sesam in einer Pfanne ohne Fett hellbraun rösten und über die Sauce streuen.

■ Ergibt 10 Portionen.

EW	Fett	KH	kcal/kJ
4 g	18 g	11 g	230/957

Roter Zwiebeldip

Zutaten:
1 TL Zucker
2 rote Zwiebeln
2–3 getrocknete Chilischoten
4 EL Reisessig
2 EL Erdnussöl
2 EL Fischsauce

■ Zucker in 2 EL heißem Wasser auflösen und abkühlen lassen. Zwiebeln schälen und sehr fein würfeln. Chilischoten entkernen, waschen und fein hacken.

■ Essig, Öl und Fischsauce mit Zuckerwasser verrühren. Zwiebeln und Chilis unterheben.

Zubereitungszeit: 15 Min.

EW	Fett	KH	kcal/kJ
1 g	5 g	3 g	59/246

Spinat-Fenchel-Creme

■ Fenchel waschen, putzen und in dünne Scheiben schneiden. Blattspinat ebenfalls waschen, abtropfen lassen und die dicken Strünke entfernen. Knoblauchzehen schälen und hacken. Anschließend Minze waschen, trockenschütteln und Blättchen von den Stielen abstreifen.

■ Fenchelscheiben, Knoblauch und Senfkörner zusammen mit Anisschnaps und Weißwein in einen kleinen Topf geben. Mit Salz und Pfeffer pikant würzen und zugedeckt ca. 15 Minuten weich dünsten.

■ Blattspinat zum Fenchelgemüse geben, mit Brühe aufgießen und so lange kochen, bis der Spinat zusammengefallen ist. Sauce in ein hohes Gefäß füllen, mit dem Pürierstab fein pürieren, nach und nach Butter in Stücken und Minzeblätter zugeben. Nochmals mit Salz und Pfeffer abschmecken und servieren.

■ Die Spinat-Fenchel-Creme schmeckt sehr gut zu Fleisch und rohen Gemüsesticks.

Zutaten:
150 g Fenchel
100 g Blattspinat
2 Knoblauchzehen
2 Zweige Minze
1/2 TL Senfkörner
2 cl Anisschnaps
100 ml trockener Weißwein
Salz
Pfeffer
400 ml Brühe
100 g kalte Butter
Fleisch
Gemüsesticks

Zubereitungszeit: 30 Min.

EW	Fett	KH	kcal/kJ
2 g	23 g	3 g	250/1044

Korianderdip

Zutaten:
1 Chilischote
1 Stück Ingwer (2 cm)
1/2 Bd. Basilikum
1/2 Bd. Koriander
6 EL Teriyaki
Saft von 1 Limette

Zubereitungszeit: 15 Min.

EW	Fett	KH	kcal/kJ
3 g	1 g	10 g	69/288

Tipp
Gemüsesticks aus Salatgurke, Fingermöhrchen, Karotten, Rettich und Stangensellerie dazu servieren.

- Chilischote längs aufschlitzen, entkernen, waschen und in feine Würfel schneiden. Ingwer schälen und fein reiben.
- Basilikum und Koriander waschen, trockenschütteln, Blätter von den Stängeln zupfen und fein hacken.
- Teriyaki, Limettensaft, Chili, Ingwer, Basilikum und Koriander gut verrühren und ca. 20 Minuten ziehen lassen.

Koreanischer Frühlingsdip

Zutaten:
1 EL Sesam
3 Frühlingszwiebeln
1–2 Knoblauchzehen
6 EL Sojasauce
1 EL Reisessig
1 TL Chilisauce

- Sesam in einer Pfanne ohne Fett goldbraun rösten. Erkalten lassen.
- Frühlingszwiebeln waschen und sehr fein hacken. Knoblauch schälen und durchpressen.
- Sojasauce, Essig und Chilisauce mit 1–2 EL Wasser verrühren. Frühlingszwiebeln und Knoblauch untermischen.

Zubereitungszeit: 15 Min.

EW	Fett	KH	kcal/kJ
2 g	1 g	3 g	38/162

Avocadodip mit Erbsen

- Gefrorene Erbsen in kochendes Salzwasser geben und 1 Minute blanchieren. Abgießen, kalt abschrecken und erst in einem Sieb, dann auf Küchenpapier gut abtropfen lassen.
- Inzwischen Limette heiß abwaschen und trocknen. Schale dünn abreiben und Limette auspressen.
- Avocado halbieren und Kern entfernen. Fruchtfleisch mit einem Löffel aus der Schale lösen und in ein hohes Gefäß geben. Avocado mit der Hälfte der Erbsen, Jogurt, 3 EL Limettensaft und Limettenschale pürieren.
- Zwiebel und Knoblauch schälen und Zwiebel fein würfeln. Tomaten waschen, trocknen, halbieren und entkernen. Tomatenfruchtfleisch in schmale Spalten schneiden und mit der Zwiebel unter die Avocadocreme heben. Knoblauch dazupressen.
- Avocadodip nochmals gut durchrühren und mit einigen Spritzern Tabasco, Salz, Pfeffer und Zucker abschmecken. Restliche Erbsen unterheben und Dip servieren.

Zutaten:
300 g Erbsen (tiefgekühlt)
Salz
1 Limette (unbehandelt)
1 große reife Avocado
150 g fettarmer Jogurt
1 Zwiebel
1 Knoblauchzehe
150 g Cocktailtomaten
Tabasco
Pfeffer
1 Prise Zucker

Zubereitungszeit: 30 Min.

EW	Fett	KH	kcal/kJ
6 g	9 g	12 g	166/693

Tipp
Zum Reifen dürfen Avocados nicht in der Sonne liegen, da das Fruchtfleisch sonst bitter und somit ungenießbar wird.

Süßscharfer Gurkendip

Zutaten:
100 g Möhren
1 kleine Salatgurke (ca. 300 g)
20 g frischer Ingwer
1–2 kleine rote Chilischoten
1/2–1 Bd. Koriandergrün (ersatzweise glatte Petersilie)
80 g brauner Zucker
200 ml Reisessig (ersatzweise Weißweinessig)
1 TL Speisestärke
Salz

- Möhren putzen und schälen. Jede Möhre erst in dünne Scheiben, dann längs in dünne Streifen, dann quer in kleine Würfel schneiden.
- Gurke waschen, schälen und grob zerschneiden. Ingwer dünn schälen. Gurke und Ingwer im Mixer pürieren.
- Chilischote(n) waschen, längs halbieren und mit den Kernen hacken. Chili und Möhren zu den Gurken geben. Koriandergrün waschen, trocknen, mit den Stielen hacken und ebenfalls dazugeben.
- Zucker, 5 EL Wasser und Essig in einem Topf mischen und unter Rühren erhitzen, bis sich der Zucker aufgelöst hat. Stärke in 2 EL Wasser auflösen, in die Zucker-Essig-Mischung einrühren und die Mischung offen ca. 3 Minuten bei kleiner Hitze kochen lassen. Gurkenpüree unterrühren.
- Sauce mit Salz würzen und zugedeckt mindestens 1 Stunde kalt stellen.

Zubereitungszeit: 30 Min.

EW	Fett	KH	kcal/kJ
1 g	0 g	24 g	105/445

Tipp
Koriander lässt sich, obwohl er aus Asien stammt, problemlos im Garten oder Balkonkasten ziehen.

Senf-Estragon-Creme

Zutaten:
400 g vollreife Tomaten
3 Zweige Kerbel
3 Zweige Estragon
4 EL Sahne
2 EL süßer Senf
2 TL Weinbrand
1 TL Zitronensaft
einige Spritzer Tabasco

Zubereitungszeit: 30 Min.

EW	Fett	KH	kcal/kJ
2 g	4 g	4 g	68/285

■ Tomaten überbrühen, häuten, Stielansätze entfernen und Fruchtfleisch in kleine Würfel schneiden.
■ Kerbel und Estragon unter kaltem Wasser kurz abspülen und trockentupfen. Blätter von den Stielen zupfen und fein hacken.
■ Sahne, Senf, Weinbrand und Zitronensaft verrühren. Die Tomaten und Kräuter untermischen und alles mit Tabasco pikant abschmecken.

Papayadip

Zutaten:
je 1 kleine rote und gelbe Paprikaschote
1 rote Chilischote
1 kleine Zwiebel
1 Papaya
5 EL Maiskeimöl
2 EL Weißweinessig
1 EL Balsamico-Essig
1/2 TL brauner Zucker
Salz
weißer Pfeffer
1 EL Petersilie, gehackt

Zubereitungszeit: 30 Min.

■ Paprikaschoten dünn schälen, halbieren, putzen, waschen und klein würfeln. Chilischote von Stiel und Kernen befreien, waschen und in feine Streifen schneiden.
■ Zwiebel schälen und fein hacken. Papaya schälen, halbieren und Kerne entfernen. Eine Hälfte klein würfeln, die andere im Mixer fein pürieren.
■ 2 EL Öl erhitzen, Zwiebel und Chilischote kurz darin anbraten. Paprikawürfel zugeben und 3 Minuten dünsten.
■ Mischung in eine Schüssel füllen, Papayawürfel und -püree zugeben. Restliches Öl, Weißwein- und Balsamico-Essig, Zucker, Salz und weißen Pfeffer unterrühren.
■ Dip 30 Minuten abgedeckt kühl stellen. Petersilie unterrühren.

EW	Fett	KH	kcal/kJ
1 g	13 g	8 g	155/646

Teufelssauce

Zutaten:
3–4 Schalotten
1–2 Knoblauchzehen
1 EL grüne Pfefferkörner
20 g Butter
100 ml Weißwein
500 g passierte Tomaten (Dose)
1–2 TL Senfpulver
Salz

Zubereitungszeit: 15 Min.

EW	Fett	KH	kcal/kJ
2 g	5 g	7 g	97/405

■ Schalotten und Knoblauchzehen schälen und fein würfeln.
■ Pfefferkörner hacken. Alles in Butter andünsten, bis der Knoblauch glasig ist. Mit Wein ablöschen und einkochen lassen.
■ Passierte Tomaten zufügen und unter Rühren dick einkochen lassen. Sauce fein pürieren und mit Senfpulver und Salz abschmecken.

Erdbeer-Pfeffer-Dip

Zutaten:
500 g frische Erdbeeren
100 g Rohrzucker
6 schwarze Pfefferkörner
1/2 TL Koriander, geschrotet
1/2 TL Ingwer, gemahlen
1–2 TL grüne Pfefferkörner
2 cl Weinbrand

■ Erdbeeren waschen, abtropfen lassen, entkelchen. Vierteln, mit Zucker vermischen und grob zerdrücken. Mit schwarzen Pfefferkörnern, Koriander und Ingwer aufkochen und 2 Minuten köcheln lassen.
■ Durch ein Sieb streichen. Grüne Pfefferkörner im Mörser zerstoßen und dazugeben. Sauce wieder erhitzen und mit Weinbrand abschmecken.

Zubereitungszeit: 20 Min.

EW	Fett	KH	kcal/kJ
1 g	0 g	31 g	149/629

Tomatenchutney

■ Tomaten überbrühen, häuten, vom Stielansatz befreien und grob zerkleinern.
■ Zwiebeln schälen und in feine Ringe schneiden. Äpfel schälen, vom Kerngehäuse befreien und würfeln.
■ Tomaten, Zwiebeln und Äpfel in einem Topf vermengen. Essig, Zucker, Rosinen, Salz und Gewürze zugeben und untermengen. Alles unter Rühren zum Kochen bringen, bei schwacher Hitze 45 Minuten köcheln lassen, dabei öfter umrühren.
■ Chutney in saubere Gläser füllen, gut verschließen und an einem kühlen Ort 2 Monate ziehen lassen.

Zubereitungszeit: 30 Min.

EW	Fett	KH	kcal/kJ
4 g	1 g	79 g	352/1494

Zutaten:
700 g Tomaten
340 g Zwiebeln
500 g Äpfel
250 ml Weißweinessig
170 g Zucker
85 g Rosinen
1 TL Salz
1/2 TL Nelken, gemahlen
1/2 TL Ingwerpulver
1/2 TL Cayennepfeffer

Rucola-Parmesan-Dip

■ Rucola waschen, putzen und grob hacken, Knoblauch schälen und zerdrücken. Zitrone waschen, Schale abreiben, Zitrone halbieren und eine Hälfte auspressen.
■ Rucola, Knoblauch, Zitronenschale und -saft mit Parmesan, Pinienkernen, Olivenöl, saurer Sahne und Salz pürieren.
■ Dip mit Knäckebrot servieren.

Zutaten:
100 g Rucola
1 Knoblauchzehe
1 Zitrone (unbehandelt)
100 g Parmesan, gerieben
30 g Pinienkerne
2 EL Olivenöl
80 g saure Sahne
Salz
8 Scheiben Knäckebrot (z. B. von Wasa)

Zubereitungszeit: 10 Min.

EW	Fett	KH	kcal/kJ
14 g	21 g	15 g	302/1266

Tipp
Mit Basilikumblättchen und Pinienkernen garniert servieren.

Tex-Mex-Salsa

Zutaten:
500 g reife Tomaten
1 Schalotte
2 Knoblauchzehen
1 rote Paprikaschote
2 kleine grüne Chilischoten
2 EL Tomatenmark
3–4 EL Gemüsebrühe (Instant)
3 EL Petersilie, fein gehackt
1 Msp. Zucker
Kräutersalz
Pfeffer

■ Tomaten überbrühen, häuten, Stielansatz und Kerne entfernen. Fruchtfleisch würfeln.

■ Schalotte und Knoblauch schälen und sehr fein hacken. Paprikaschote mit dem Sparschäler schälen, halbieren, putzen und klein würfeln.

■ Chilischoten von Stielansatz und Kernen befreien, waschen und fein würfeln.

■ Tomaten, Schalotte, Knoblauch, Chilischoten und Paprika in einem Topf vermengen. Tomatenmark und Brühe dazugeben. Aufkochen und offen bei schwacher Hitze in 15 Minuten einkochen. Dabei öfter umrühren. Salsa vom Herd nehmen, Petersilie unterrühren. Mit Zucker, Kräutersalz und Pfeffer abschmecken.

■ Abkühlen lassen und 30 Minuten in den Kühlschrank stellen.

Zubereitungszeit: 30 Min.

EW	Fett	KH	kcal/kJ
5 g	1 g	10 g	73/309

Tomaten-Oliven-Dip

Zutaten:
500 g reife Tomaten
3 Knoblauchzehen
4 EL Olivenöl
4 EL Paniermehl
Kräutersalz, Pfeffer
2 TL Thymian
Saft von 3 Zitronen
25 g schwarze Oliven
3 EL Petersilie, fein gehackt

■ Tomaten überbrühen, häuten, vom Stielansatz befreien und würfeln. Fruchtfleisch im Mixer fein pürieren. Knoblauchzehen schälen und zum Tomatenpüree pressen.

■ Masse in einer Schüssel mit Öl und Paniermehl verrühren. Mit Salz, Pfeffer, Thymian und Zitronensaft kräftig würzen. Oliven entsteinen und fein hacken. Mit Petersilie sorgfältig unter den Dip mischen.

Zubereitungszeit: 30 Min.

EW	Fett	KH	kcal/kJ
3 g	11 g	15 g	187/786

Mangochutney

Zutaten:
1 große Mango
1 grüne Chilischote
1 Stück Ingwer
1 TL Salz
1 TL Crème double
2 TL brauner Zucker
3 EL Kokosraspel
1 TL Minzblättchen, fein gehackt

■ Mango schälen, Fruchtfleisch vom Kern lösen und klein schneiden. Chilischote vom Stiel befreien, entkernen und grob zerkleinern.

■ Ingwer schälen und würfeln. Mango, Chilischote, Ingwer, Salz, Crème double und Zucker im Mixer pürieren. Püree in eine Schale füllen, mit Kokosraspel und Minzblättchen bestreut servieren.

Zubereitungszeit: 25 Min.

EW	Fett	KH	kcal/kJ
1 g	4 g	17 g	112/471

CREMIGE DIPS

Eierdip mit Brunnenkresse (Abb. S. 65)

Zutaten:
3 Eier
200 g Gewürzgurken
120 g Zwiebeln
2 EL Kapern
80 g Salatmajonäse
200 g fettarmer Jogurt
3–4 TL Meerrettich, gerieben
1 Bd. Brunnenkresse (ca. 200 g)
Salz, Pfeffer

- Eier in 8 Minuten hart kochen. Gurken fein würfeln, Zwiebeln schälen und in feine Würfel schneiden, Kapern hacken.
- Eier in kaltem Wasser abkühlen lassen. Majonäse, Jogurt und Meerrettich glatt rühren. Gurken, Zwiebeln und Kapern unterheben.
- Brunnenkresse verlesen, waschen und trocknen. Dicke Stiele entfernen, Kresse grob hacken und unter den Majonäse-Jogurt rühren.
- Eier pellen, fein hacken und dazugeben. Dip mit Salz und Pfeffer würzen.

Zubereitungszeit: 30 Min.

EW	Fett	KH	kcal/kJ
9 g	16 g	8 g	216/901

Ingwerdip

Zutaten:
120 g saure Sahne
5 EL Aprikosenkonfitüre
1 Limette (unbehandelt)
1 kleines Stück Ingwer
1 Vanilleschote
2 cl Portwein
Salz, weißer Pfeffer
1 TL Akazienhonig
50 g Sahne

- Saure Sahne mit Aprikosenkonfitüre verrühren.
- Limette waschen, abtrocknen und Schale fein abreiben. Saft auspressen. Ingwer schälen und fein reiben.
- Vanilleschote längs aufschlitzen und Mark herauskratzen.
- Limettenschale und -saft, Ingwer, Vanillemark und Portwein unter die Sauce rühren, salzen und pfeffern. Honig unterrühren. Sahne steif schlagen und unterziehen.

Zubereitungszeit: 30 Min.

EW	Fett	KH	kcal/kJ
1 g	7 g	21 g	164/692

Quark-Meerrettich-Dip

Zutaten:
1 Apfel
1/2 TL Zitronenschale (unbehandelt)
2 EL Zitronensaft
500 g Sahnequark
1–2 EL Meerrettich (Glas)
Kräutersalz
weißer Pfeffer
Petersilie

- Apfel schälen, vierteln, vom Kerngehäuse befreien und grob raspeln. Mit Zitronenschale und -saft vermengen.
- Sahnequark mit Meerrettich glatt rühren. Apfelraspel untermengen. Dip mit Salz und weißem Pfeffer kräftig abschmecken. Mit Petersilie garniert servieren.

Zubereitungszeit: 20 Min.

EW	Fett	KH	kcal/kJ
14 g	14 g	9 g	222/930

Tipp
Für den Dip sind säuerliche Apfelsorten wie Boskop und Cox Orange besonders geeignet.

Jogurtdip mit Mango

Zutaten:
450 g Mango
1 Limette (unbehandelt)
30 g frischer Ingwer
1 EL Öl
2 TL mildes Currypulver
150 g Vollmilchjogurt
150 g Crème fraîche
Salz, Pfeffer
1/2–1 Bd. Schnittlauch

EW	Fett	KH	kcal/kJ
3 g	19 g	17 g	265/1109

- Mango schälen und Fruchtfleisch in 1/2 cm dicken Scheiben vom Stein schneiden. Scheiben in kleine Würfel schneiden.
- Limette heiß abwaschen und trocknen. Schale fein abreiben und Limette auspressen. Mangowürfel mit 1 TL Limettenschale und 2 EL Limettensaft mischen. Ingwer dünn schälen, sehr fein hacken oder reiben und zur Mango geben.
- Öl in einer kleinen Pfanne erhitzen und Curry darin bei kleiner Hitze unter Rühren ca. 30 Sekunden anbraten. Pfanne vom Herd nehmen.
- Curry mit Jogurt und Crème fraîche verrühren. Mangowürfel unterheben und Dip mit Salz und Pfeffer abschmecken.
- Den Schnittlauch waschen, trockenschleudern und in Röllchen schneiden. Den größten Teil unter den Jogurtdip heben, mit dem restlichen Schnittlauch garnieren und servieren.

Zubereitungszeit: 20 Min.

Tipp
Dieser Jogurtdip schmeckt im Sommer auch sehr gut mit Aprikosen: 400 g Aprikosen waschen, trocknen und entsteinen. Fruchtfleisch in kleine Würfel schneiden und mit Limettenschale, -saft und Ingwer mischen.

Ziegenkäsedip mit Oliven

Zutaten:
200 g Ziegenfrischkäse
150 g saure Sahne
4–6 EL Milch
2 EL Olivenöl
1/2 Knoblauchzehe
4 Zweige frischer Thymian
1 TL flüssiger Honig
Salz
schwarzer Pfeffer aus der Mühle
60 g schwarze Oliven

Zubereitungszeit: 25 Min.

■ Ziegenfrischkäse mit saurer Sahne und Milch glatt rühren. Öl untermischen. Knoblauch schälen und dazupressen.

■ Thymian waschen und trocknen. Blättchen abzupfen und mit Honig unter den Frischkäse rühren, mit Salz und Pfeffer würzen.

■ Olivenfleisch – falls erforderlich – vom Stein schneiden und hacken. Olivenstückchen unter den Frischkäsedip rühren und ca. 30 Minuten zugedeckt kühl stellen.

Tipp
Ersetzen Sie Honig durch den milden Agavendicksaft (aus dem Reformhaus oder Naturkostladen). Seine sanfte Süße passt bestens zum Ziegenkäse.

EW	Fett	KH	kcal/kJ
7 g	17 g	5 g	202/839

Pilz-Gorgonzola-Dip

Zutaten:
1 Schalotte
150 g Champignons

■ Schalotte schälen und sehr fein würfeln. Pilze trocken putzen und in dünne Scheiben schneiden. Butter in einem Topf erhitzen und Schalotte darin glasig dünsten.

Pilz-Gorgonzola-Dip (Fortsetzung)

■ Pilze dazugeben und 5 Minuten dünsten. Zitronensaft, Crème fraîche und saure Sahne unter die Pilze rühren und Mischung aufkochen lassen. Gorgonzola in Stücke schneiden und dazugeben. Unter Rühren schmelzen und ein paar Minuten köcheln lassen. Mit Salz und Pfeffer abschmecken. Sauce pürieren.

■ Petersilie waschen, trockenschütteln fein hacken und unterrühren. Sauce abkühlen lassen und kalt stellen. Gut gekühlt servieren.

EW	Fett	KH	kcal/kJ
7 g	24 g	2 g	260/1082

oder Egerlinge
30 g Butter
1 EL Zitronensaft
100 g Crème fraîche
2 EL saure Sahne
100 g Gorgonzola
Salz, Pfeffer
2 EL Petersilie

Zubereitungszeit: 30 Min.

Tunfischdip

■ Knoblauch schälen und halbieren. Kapern und Tunfisch sorgfältig abtropfen lassen. Tunfisch in Stücke zerpflücken.

■ Eigelb in den Mixer geben. Senf und 2 TL Zitronensaft zugeben und alles kräftig durchschlagen. Unter weiterem Schlagen Öl in einem dünnen Strahl hineinlaufen lassen, bis die Masse die Konsistenz einer schweren Creme hat.

■ Restlichen Zitronensaft, Tunfisch, Kapern und Tomatenmark dazugeben und alles nochmals kräftig schlagen. Evtl. etwas Wasser zugießen, falls die Creme zu dickflüssig ist.

■ Mit Salz und Pfeffer abschmecken und mit Petersilie bestreut anrichten.

Zutaten:
1 Knoblauchzehe
1 TL Kapern (Glas)
1 Dose Tunfisch in Öl (185 g)
1 Eigelb
1/4 TL Dijon-Senf
3 TL Zitronensaft
125 ml Olivenöl
1 EL Tomatenmark
Salz
weißer Pfeffer aus der Mühle
1 EL Petersilie, gehackt

Zubereitungszeit: 30 Min.

EW	Fett	KH	kcal/kJ
12 g	42 g	1 g	436/1803

Kräuterdip

Zutaten:
150 g Jogurt
200 g saure Sahne
1 Zwiebel, 1 Knoblauchzehe, 2 Stängel Dill
1/2 Bd. Petersilie
2 Stängel Estragon
2 EL Schnittlauchröllchen
1 TL Thymian, gerebelt
Kräutersalz, Pfeffer
1 EL Zitronensaft, Zucker

■ Jogurt mit saurer Sahne in einer Schüssel cremig rühren. Zwiebel und Knoblauch schälen und sehr fein hacken. Dill, Petersilie und Estragon waschen, trockenschütteln und fein hacken. Mit Schnittlauch und Thymian unter den Jogurt rühren. Mit Salz, Pfeffer, Zitronensaft und Zucker pikant abschmecken.

Tipp
Zu Matjesfilet und Pellkartoffeln servieren.

Zubereitungszeit: 30 Min.

EW	Fett	KH	kcal/kJ
4 g	6 g	6 g	97/408

Knoblauchdip und Vinaigrette zu Artischocke

Zutaten:
2 getrocknete Tomaten
50 ml Brühe
2 EL Essig, Pfeffer
1 EL Olivenöl
2 EL Majonäse
2 EL Magermilchjogurt
1 Knoblauchzehe
1 EL Zitronensaft

Zubereitungszeit: 30 Min.

EW	Fett	KH	kcal/kJ
7 g	11 g	8 g	162/664

Tipp
Artischocken waschen, in Wasser mit 2 EL Zitronensaft ca. 45 Minuten zugedeckt kochen, abtropfen lassen, mit Sprühsalz besprühen und dazu servieren.

■ Tomaten fein würfeln. Aus Brühe, Essig, Pfeffer und Öl eine Vinaigrette rühren. Tomaten zufügen.

■ Für den zweiten Dip Majonäse mit Jogurt, durchgepresstem Knoblauch, Pfeffer und Zitronensaft verrühren.

Pfirsichsalsa

Zutaten:
3 Schalotten
1 milde Chilischote
1 EL Senfkörner
2 EL Zucker
4 EL Weißweinessig
200 g Salatgurke
2 Pfirsiche (frisch oder aus der Dose)
4 Zweige Minze

Zubereitungszeit: 20 Min.

EW	Fett	KH	kcal/kJ
1 g	0 g	12 g	57/245

Tipp
Frische Pfirsiche erst kreuzweise einritzen, überbrühen und dann häuten.

- Schalotten schälen und klein würfeln. Chilischote waschen, Stiel und Kerne entfernen, in feine Ringe schneiden.
- Schalotten, Chiliringe, Senfkörner, Zucker und Weißweinessig in einem kleinen Topf einkochen bis die Flüssigkeit eindickt.
- Gurke schälen, der Länge nach in Streifen schneiden und entkernen. Fruchtfleisch in dünne Scheiben schneiden. Pfirsiche halbieren und entkernen, die Hälfte des Fruchtfleisches in kleine Würfel schneiden und die andere Hälfte im Mixer oder mit dem Schneidstab fein pürieren.
- Minze waschen und trockenschütteln, Blättchen abzupfen und fein schneiden.
- Gurke, Pfirsich und Minze mit Schalottenmischung verrühren, leicht salzen und in Portionsgläser füllen.

Asiatischer Erdnussdip

Zutaten:
100 g Erdnüsse, geröstet und gesalzen
1 Zwiebel
2 Knoblauchzehen
15 g frischer Ingwer
1 Stiel Zitronengras
1 kleine grüne Chilischote
1 TL Kreuzkümmelsamen (Cumin)
1 TL Korianderkörner
3 EL Öl
1 Dose Kokosmilch (400 ml)
1–2 EL Fischsauce
Zucker
Salz

Zubereitungszeit: 25 Min.

EW	Fett	KH	kcal/kJ
13 g	27 g	14 g	358/1491

- Erdnüsse klein hacken. Zwiebel und Knoblauch schälen, Zwiebel fein würfeln, Knoblauch hacken. Ingwer dünn schälen und fein hacken.
- Zitronengras waschen und in feine Ringe schneiden. Chilischote längs halbieren, entkernen, waschen und fein würfeln.
- Kreuzkümmel und Koriander in einer Pfanne ohne Fett unter Rühren rösten, bis die Gewürze duften. Herausnehmen und im Mörser zerstoßen.
- Öl in der Pfanne erhitzen. Zwiebel, Knoblauch, Ingwer, Zitronengras und Chili zugeben. Alles bei mittlerer Hitze unter Rühren ca. 3 Minuten dünsten.
- Erdnüsse, zerstoßene Gewürze und Kokosmilch in die Pfanne geben und das Ganze unter Rühren noch ca. 5 Minuten leicht kochen lassen.
- Sauce im Mixer oder mit dem Schneidstab des Handrührgeräts fein pürieren, durch ein feines Sieb in einen Topf streichen, erhitzen und mit Fischsauce, Zucker und etwas Salz abschmecken. Lauwarm servieren.

Knoblauch-Kerbel-Dip

■ Eigelb mit Salz, Senf und Zitronensaft gründlich verrühren. Öl erst tropfenweise, dann in dünnem Strahl einrühren. Es soll eine cremige Majonäse entstehen. Quark mit einem Schneebesen unterrühren.

■ Knoblauchzehen schälen und durch die Presse in den Dip drücken. Kerbel waschen, trockentupfen und Stiele entfernen. Kerbelblättchen fein hacken und unter den Dip mengen. Mit Salz und Pfeffer kräftig abschmecken.

Zubereitungszeit: 10 Min.

EW	Fett	KH	kcal/kJ
6 g	54 g	5 g	519/2180

Zutaten:
2 Eigelb, Kräutersalz
1 TL Dijon-Senf
1 TL Zitronensaft
200 ml Sonnenblumenöl
80 g Magerquark
2–3 Knoblauchzehen
50 g frischer Kerbel
Salz, Pfeffer

Bunte Dips in Paprika

■ Paprika putzen, waschen, halbieren, entkernen und je eine Hälfte würfeln. Zwiebeln schälen und hacken.

■ Quark halbieren. Unter die eine Hälfte Milch, Zwiebeln und Paprikawürfel rühren. Mit Salz, Pfeffer und Paprikapulver abschmecken.

■ Für den zweiten Dip Kräuter waschen, trockenschütteln, fein schneiden und unter den restlichen Quark mischen. Mit Salz, Pfeffer und Zitronensaft würzen.

■ Dips in die Paprikahälften füllen und servieren.

■ Ergibt 6 Portionen.

Zutaten:
2 große Paprikaschoten
2 mittelgroße Zwiebeln
500 g Magerquark
125 ml Milch
Salz, Pfeffer
Paprikapulver edelsüß
1 Bd. Basilikum
2 Zweige Thymian
2 Bd. frischer Kerbel
1 Bd. Schnittlauch
1–2 TL Zitronensaft

Zubereitungszeit: 30 Min.

EW	Fett	KH	kcal/kJ
12 g	3 g	8 g	107/455

Kräuter-Quark-Creme

Zutaten:
je 1 Bd. Schnittlauch, Basilikum, Kerbel und Petersilie
1/2 Bd. Dill
1 Zweig frische Pfefferminze
1 säuerlicher Apfel
500 g Magerquark
75 g Crème fraîche
100 ml Fanta Limette
Salz
Pfeffer
1 EL Zitronen-Olivenöl

Zubereitungszeit: 30 Min.

EW	Fett	KH	kcal/kJ
23 g	38 g	52 g	661/2763

■ Kräuter waschen, trockentupfen und bis auf die Minze klein schneiden. Minzeblättchen vom Stiel zupfen und in feine Streifen schneiden.

■ Apfel schälen, vierteln, Kerngehäuse herausschneiden und Fruchtfleisch fein würfeln. Quark und Crème fraîche mit Fanta verrühren und Creme nach Belieben mit Salz und Pfeffer würzen. Kräuter zusammen mit Apfel und Minze unterheben. Die Quarkcreme kühl stellen und 1–2 Stunden gut durchziehen lassen.

■ Vor dem Servieren das Zitronen-Olivenöl in die Creme rühren. Zum Schluss die Kräutercreme noch einmal abschmecken und, wenn nötig, ein wenig nachwürzen.

Limetten-Honig-Dip

■ Schalotten schälen und klein würfeln. Öl in einem kleinen Topf erhitzen, Schalotten darin glasig dünsten.

■ Honig, 5 EL Wasser, Limettensaft und Limettenschale zugeben, um ein Drittel einkochen lassen. Kräuterbutter in den heißen Dip einrühren und schmelzen lassen.

Zubereitungszeit: 30 Min.

EW	Fett	KH	kcal/kJ
0 g	19 g	16 g	237/983

Zutaten:
2 Schalotten
2 EL Öl
4 EL Honig
3 EL Limettensaft
abgeriebene Schale von 1 Limette (unbehandelt)
75 g Kräuterbutter

Quarkdip mit Rucola

■ Quark mit Mineralwasser glatt rühren, mit Salz und Pfeffer kräftig würzen. Zitrone heiß waschen, trocknen und Schale dünn abreiben.

■ Zitrone auspressen. 2 EL Zitronensaft, Zitronenschale und Honig verrühren und unter den Quark mischen.

■ Knoblauch schälen und zum Quark pressen. Rucola verlesen, waschen, trocknen und hacken. Tomaten halbieren und entkernen. Fruchtfleisch in kleine Würfel schneiden und mit Rucola unter den Quark heben. Dip zugedeckt für ca. 30 Minuten kalt stellen.

Zutaten:
250 g Magerquark
4 EL Mineralwasser
Salz
Pfeffer
1/2 Zitrone (unbehandelt)
1 EL Honig
1 Knoblauchzehe
1 Bd. Rucola
200 g Tomaten

Zubereitungszeit: 20 Min.

EW	Fett	KH	kcal/kJ
9 g	1 g	8 g	85/361

Tipp
Rucola, auch Rauke genannt, hat einen leicht scharfen, senfähnlichen Geschmack. Man findet ihn abgepackt im Supermarkt oder auf Gemüsemärkten.

Rucola-Frischkäse-Püree

Zutaten:
2 Bd. Rucola
200 g Frischkäse
5 EL Sojasauce
1 Knoblauchzehe, 1 EL Mohn, 2 EL Olivenöl

Zubereitungszeit: 25 Min.

■ Einige Blätter Rucola für die Garnitur beiseite legen, den Rest waschen, trockenschütteln und fein schneiden.

■ Frischkäse, Sojasauce und Rucola verrühren. Knoblauch schälen und fein hacken. Zusammen mit Mohn und Olivenöl 2–3 Minuten in einer kleinen Pfanne rösten.

■ Rucolacreme mit Knoblauch-Mohn bestreut servieren.

EW	Fett	KH	kcal/kJ
2 g	4 g	4 g	55/230

Mandelcreme

Zutaten:
150 g Dickmilch
50 g Mandeln, gerieben
2 EL Obstessig
1 TL Honig, Ingwer, Salz Pfeffer, Cayennepfeffer

■ Dickmilch, Mandeln, Essig und Honig glatt rühren. Ingwer dünn schälen und fein reiben. Salz, Pfeffer, Ingwer und Cayennepfeffer in die Dickmilch geben und gut verrühren.

Zubereitungszeit: 25 Min.

EW	Fett	KH	kcal/kJ
2 g	10 g	2 g	105/439

Aioli

Zutaten:
15 Knoblauchzehen
Salz, 3 Eigelb
250 ml Olivenöl
Saft von 1/2 Limette oder Zitrone
weißer Pfeffer aus der Mühle

Zubereitungszeit: 20 Min.

EW	Fett	KH	kcal/kJ
5 g	67 g	9 g	665/2745

■ Knoblauchzehen schälen und mit Salz in einem Mörser zu einer Paste zerstoßen. Eigelb damit verrühren.

■ Olivenöl in einem dünnen Strahl zugießen, dabei die Masse ständig mit einem Schneebesen kräftig aufschlagen.

■ Limetten- oder Zitronensaft zugeben und unterrühren. Mit weißem Pfeffer würzen.

TV-Dip Italia

■ Ricotta und zerkleinerten Edelpilzkäse glatt rühren, Rucola waschen, trockenschütteln, fein hacken und dazugeben. Mit Salz, Pfeffer und Zitronensaft pikant abschmecken.

EW	Fett	KH	kcal/kJ
38 g	45 g	57 g	777/3237

Tipp
Ca. 400 g Gemüsesticks (z. B. aus Möhren, Gurken, Stangensellerie, Paprikaschoten) schneiden und dazu servieren.

Zutaten:
250 g Ricotta
150 g italienischer Edelpilzkäse (z. B. von Galbani)
50 g Rucola, Salz
Pfeffer aus der Mühle
Zitronensaft

Zubereitungszeit: 10 Min.

Meerrettich-Buttermilch-Dip

■ Meerrettich schälen und fein reiben. Mit Buttermilch, Dickmilch und Honig gut verrühren, mit Salz sowie Pfeffer kräftig abschmecken und mit Petersilie garniert servieren.

Zubereitungszeit: 15 Min.

EW	Fett	KH	kcal/kJ
2 g	6 g	5 g	84/351

Zutaten:
50 g Meerrettich
100 ml Buttermilch
2 EL Dickmilch
1 TL Honig
Salz, Pfeffer, Petersilie

Dreierlei Quarks

Zutaten:
500 g Quark, 8 EL Milch
2 EL Walnüsse, gehackt
1 EL gehackte Kräuter (tiefgekühlt), Salz
je 1/2 rote und grüne Paprika
30 g Knollensellerie
Kümmel
100 ml Kefir
1 EL Ketschup
1 kleine Zwiebel
1 Gewürzgurke
1 Knoblauchzehe
Pfeffer

■ Für den Walnussquark 200 g Quark mit 4 EL Milch, Walnüssen und Kräutern verrühren und mit Salz würzen.

■ Für den Paprikaquark 200 g Quark mit restlicher Milch verrühren. Paprikahälften waschen und halbieren. 2 Viertel in Streifen schneiden, Rest fein hacken. Sellerie schälen, waschen und würfeln.

■ Gemüsewürfel mit dem Quark verrühren und mit Kümmel und Paprikastreifen garnieren.

■ Für den pikanten Quark restlichen Quark mit Kefir und Ketschup verrühren. Zwiebel schälen und fein würfeln.

■ Gewürzgurke würfeln. Knoblauchzehe schälen und zerdrücken. Zwiebel, Gurkenwürfel und Knoblauch zu der Quark-Kefir-Masse geben und mit Salz und Pfeffer würzen.

Zubereitungszeit: 35 Min.

EW	Fett	KH	kcal/kJ
17 g	18 g	11 g	284/1188

Eierdip mit Kräutern

■ Eier hart kochen, kalt abschrecken und abkühlen lassen. Dann pellen, längs halbieren und Eigelb herauslösen.
■ Eigelb mit einer Gabel fein zerdrücken, mit Senf, Essig und Öl verrühren. Eiweiß sehr fein hacken, unter die Sauce mengen.
■ Petersilie und Dill waschen, trockenschütteln und fein hacken. Unterrühren und mit Salz und Pfeffer abschmecken.

EW	Fett	KH	kcal/kJ
8 g	14 g	2 g	169/700

Tipp
Dijon-Senf eignet sich wegen seines intensiven Geschmacks besonders für diesen Dip.

Zutaten:
4 Eier
3 EL Senf
2 EL Weißweinessig
3 EL Sonnenblumenöl
1/2 Bd. Petersilie
1/2 Bd. Dill
Kräutersalz
Pfeffer aus der Mühle

Zubereitungszeit: 30 Min.

Rucoladip

■ Rucola waschen, trockenschütteln und bis auf einige Blätter zum Garnieren fein hacken. Rucola, Rahm-Brotaufstrich und Olivenöl mit dem Pürierstab pürieren.
■ Schmand dazugeben, Dip mit Salz und Pfeffer abschmecken. Mit übrigem Rucola garniert servieren.

Zutaten:
100 g Rucola
200 g Kräuter-Rahm-Brotaufstrich
(z. B. von Brunch)
3 EL Olivenöl
200 g Schmand
Salz
Pfeffer

Zubereitungszeit: 20 Min.

EW	Fett	KH	kcal/kJ
7 g	18 g	4 g	199/837

Basilikumdip

Zutaten:
300 g Jogurt
150 g Crème fraîche
Salz, Pfeffer
1/2 Bd. Basilikum
1 Zwiebel
2 Knoblauchzehen

■ Jogurt mit Crème fraîche verrühren und mit Salz und Pfeffer würzen. Basilikum waschen, trockenschütteln und hacken.
■ Zwiebel und Knoblauchzehen schälen und würfeln. Zusammen mit dem Basilikum unterrühren.

Zubereitungszeit: 20 Min.

EW	Fett	KH	kcal/kJ
4 g	18 g	7 g	206/855

Ricottadip

Zutaten:
1 Knoblauchzehe
200 g Ricotta, 3 EL Milch
1 EL Korianderkraut, gehackt
1 EL Minze, gehackt
Sojasauce, Salz, Pfeffer

■ Knoblauchzehe schälen und fein hacken oder durch die Knoblauchpresse drücken. Ricotta und Milch verrühren. Knoblauch, Koriander und Minze unterrühren und mit Sojasauce, Salz und Pfeffer abschmecken.

Zubereitungszeit: 20 Min.

EW	Fett	KH	kcal/kJ
6 g	6 g	2 g	86/357

Schmand-Knoblauch-Dip

Zutaten:
50 g Mangochutney
1 Knoblauchzehe
150 g Schmand
Saft von 1/2 Zitrone
300 g Gewürzketschup
Hackbällchen

Zubereitungszeit: 10 Min.

EW	Fett	KH	kcal/kJ
1 g	8 g	37 g	223/941

■ Mangochutney mit geschältem Knoblauch fein pürieren. Mit Schmand, Zitronensaft und Gewürzketschup gründlich verrühren.
■ Nach Wunsch zu Hackbällchen servieren.

Nussdip

■ Cashewkerne fein hacken und in einer Pfanne ohne Fett goldbraun rösten. 1 EL Cashewkerne zum Garnieren herausnehmen und beiseite stellen.

■ Rahm-Brotaufstrich zu den Cashewkernen in die Pfanne geben und unter ständigem Rühren bei geringer Hitze schmelzen lassen. Kefir unterrühren und alles mit Salz, Cayennepfeffer und Koriander abschmecken.

■ Dip erkalten lassen. Mit übrigen Cashewkernen sowie den Schnittlauchröllchen bestreut servieren.

Tipp
Mit frischen Karotten-, Paprika- oder Selleriestiften, lässt sich der Dip wunderbar als leichte Mahlzeit genießen.

Zubereitungszeit: 15 Min.

EW	Fett	KH	kcal/kJ
8 g	23 g	11 g	290/1205

Zutaten:
100 g Cashewkerne
200 g Rahm-Brotaufstrich (z. B. von Brunch)
200 g Kefir
Salz, Cayennepfeffer
Koriander, gemahlen
Schnittlauchröllchen

Dip Honeymoon

Zutaten:
100 g Mango (Dose)
50 g China-Würz-Sauce
50 g Sahne
300 g Majonäse
10 g Petersilie, gehackt
Salz, Pfeffer

Zubereitungszeit: 30 Min.

EW	Fett	KH	kcal/kJ
2 g	66 g	5 g	623/2571

▪ Mango abtropfen lassen und pürieren. Würzsauce, Sahne, Majonäse und Petersilie dazugeben, gründlich verrühren und mit Salz und Pfeffer abschmecken.

Cocktailcreme

Zutaten:
80 g Majonäse
2 EL Ketschup
1 TL Weinbrand
1 EL Orangensaft
Salz, Pfeffer

▪ Majonäse mit Ketschup, Weinbrand und Orangensaft gut verrühren. Mit Salz und Pfeffer abschmecken.

Zubereitungszeit: 10 Min.

EW	Fett	KH	kcal/kJ
1 g	16 g	3 g	164/678

Jogurt-Senf-Dip

Zutaten:
150 g Jogurt
1 Bd. Basilikum
1 EL Kapern, gehackt
2 TL Dijon-Senf
Salz, Pfeffer
1/2 Knolle Fenchel

Zubereitungszeit: 20 Min.

▪ Jogurt glatt rühren. Basilikum waschen, trockenschütteln, fein hacken und mit Kapern, Senf, Salz, Pfeffer und Jogurt vermischen.
▪ Fenchel schälen und in dünne Scheiben schneiden. Fenchelgrün hacken und beides in den Dip rühren.

EW	Fett	KH	kcal/kJ
2 g	2 g	3 g	37/157

Tipp
2 Möhren und 1/2 Gurke schälen, in Stifte schneiden und dazu servieren.

Currydip

■ Jogurt mit Majonäse cremig rühren. Zitronensaft und Currypulver hinzufügen.
■ Banane schälen, zerdrücken und unterrühren. Dip mit etwas Salz und Pfeffer abschmecken.

Zubereitungszeit: 5 Min.

EW	Fett	KH	kcal/kJ
6 g	46 g	26 g	539/2264

Zutaten:
200 g Jogurt
100 g Majonäse
1 TL Zitronensaft
1 TL Currypulver
1 reife Banane
Salz, Pfeffer

Tsatsiki

■ Gurke waschen, entkernen und grob raspeln. Knoblauch schälen und durchpressen.
■ Dill und Minze mit kaltem Wasser abbrausen, abtropfen lassen und fein wiegen.
■ Geraspelte Gurke evtl. ausdrücken, unter den Quark heben, mit Knoblauch, Dill, Minze und Mineralwasser verrühren. Mit Pfeffer und Salz abschmecken.
■ Dip für ca. 30 Minuten kühl stellen und mit Fladenbrot servieren.

Zubereitungszeit: 30 Min.

EW	Fett	KH	kcal/kJ
9 g	26 g	41 g	433/1812

Zutaten:
1 Salatgurke
2 Knoblauchzehen
1 Stängel Dill
1 Zweig Minze
500 g Quark
4 EL Mineralwasser
Pfeffer, Salz
Fladenbrot

Apfel-Lauch-Dip

Zutaten:
1 Stange Lauch
125 ml Gemüsebrühe
5 EL Sojasauce
1 Apfel
2 EL Mandelblättchen
2 EL Crème fraîche
1 EL Rosinen

Zubereitungszeit: 30 Min.

■ Das dunkelgrüne Ende der Lauchstange entfernen. Lauch der Länge nach halbieren, gründlich waschen, in Streifen schneiden und mit 75 ml Gemüsebrühe und Sojasauce 10 Minuten weich dünsten.

■ Apfel schälen und fein würfeln, 1 EL Mandelblättchen in einer Pfanne ohne Fett goldbraun rösten. Lauch mit restlicher Brühe und Crème fraîche im Mixer pürieren. Mit Rosinen und Apfelwürfeln noch einmal kurz aufkochen.

■ Mit restlichen Mandelblättchen bestreut servieren.

EW	Fett	KH	kcal/kJ
5 g	5 g	13 g	123/518

Meerrettichcreme

Zutaten:
1 kleine Zwiebel
40 g Butter
2 EL Mehl
125 ml Milch
250 g Sahne
40 g Mandeln, gemahlen
1–2 EL Meerrettich, gerieben
Salz
Pfeffer
Muskatnuss, gerieben

■ Zwiebel schälen und fein hacken. Butter in einem kleinen Topf schmelzen lassen. Zwiebel in heißer Butter goldgelb braten. Mehl darüberstäuben und anschwitzen. Unter Rühren Milch und Sahne zugießen und dick einkochen.

■ Mandeln und Meerrettich unterrühren, mit Salz, Pfeffer und Muskatnuss pikant abschmecken.

Zubereitungszeit: 20 Min.

EW	Fett	KH	kcal/kJ
5 g	35 g	8 g	368/1520

Feiner Kräuterdip

Zutaten:
200 g Jogurt
2 EL Frischkäse
1 TL mittelscharfer Senf
2 EL Zitronensaft
3 EL gemischte Kräuter, gehackt
Salz
Zitronenpfeffer
1 TL Zucker
100 g Sahne

■ Jogurt, Frischkäse und Senf glatt rühren. Zitronensaft und Kräuter unterrühren und mit Salz, Zitronenpfeffer und Zucker abschmecken.

■ Sahne steif schlagen, unterheben und den Dip nach Wunsch mit frischen Kräutern garniert servieren.

Zubereitungszeit: 15 Min.

EW	Fett	KH	kcal/kJ
4 g	11 g	6 g	146/611

Tipp
Der Dip schmeckt zu Pell- oder Ofenkartoffeln, Geflügel oder Fisch.

Raffinierte Salatsaucen

Thousand-Island-Dressing *(Abb. S. 85 rechts)*

Zutaten:
1 Gewürzgurke
1 Schalotte
1/2 rote Paprika
2 Eigelb, hart gekocht
50 g Salatmajonäse
3 EL Sahne
3 EL Ketschup
Salz, Chilipulver

■ Gewürzgurke klein hacken, Schalotte schälen und auf einer Reibe raspeln.
■ Paprikahälfte im Backofen erhitzen bis die Schale platzt, Haut abziehen, Schote sehr fein hacken. Eigelb durch ein Sieb streichen, mit den restlichen Zutaten mischen. Mit Salz und Chilipulver abschmecken.

Zubereitungszeit: 20 Min.

EW	Fett	KH	kcal/kJ
2 g	12 g	7 g	148/616

Käse-Jogurt-Dressing *(Abb. S. 85 links)*

Zutaten:
75 g Blauschimmelkäse
300 g Jogurt
Salz, Pfeffer
Zitronensaft

■ Käse zerkrümeln, mit Jogurt im Mixer fein pürieren.
■ Mit Salz, Pfeffer und Zitronensaft abschmecken, kalt stellen.

Zubereitungszeit: 10 Min.

EW	Fett	KH	kcal/kJ
7 g	8 g	4 g	120/502

Pikante Sahnesauce

Zutaten:
125 g Sahne
2 EL Zitronensaft
2 TL mittelscharfer Senf
je 1 Prise Salz und Pfeffer

■ Sahne, Zitronensaft und Senf gut miteinander verrühren. Mit Salz und Pfeffer pikant abschmecken.

EW	Fett	KH	kcal/kJ
1 g	10 g	2 g	108/452

Tipp
Diese Sauce passt gut zu grünen Salaten.

Zubereitungszeit: 10 Min.

Indisches Dressing

Zutaten:
1 Apfel, 1 Zwiebel
500 ml Buttermilch
4 EL Kondensmilch
1 EL Currypulver
1 EL Zucker
3 EL Weißwein
4 EL Öl, 2 EL Essig
2 EL Majonäse
1 Bd. Schnittlauch

■ Apfel schälen, vom Kerngehäuse befreien und in dicke Scheiben schneiden. Zwiebel schälen und würfeln. Beides mit Buttermilch, Kondensmilch, Currypulver, Zucker und Weißwein 15 Minuten kochen.
■ Öl, Essig und Majonäse unterziehen. Schnittlauch waschen, trockenschütteln, klein schneiden und unter die Sauce mischen.

Zubereitungszeit: 15 Min.

EW	Fett	KH	kcal/kJ
6 g	20 g	14 g	270/1123

Orangen-Ingwer-Dressing

- Cremefine mit Orangen- und Zitronensaft in einer Schüssel verrühren.
- Knoblauch schälen und sehr fein hacken, mit Ingwer unter das Dressing rühren, mit Salz und Pfeffer abschmecken.

Zubereitungszeit: 15 Min.

EW	Fett	KH	kcal/kJ
1 g	3 g	3 g	40/167

Zutaten:
4 EL Cremefine
2 EL Orangensaft
1 EL Zitronensaft
1 Knoblauchzehe
1 TL Ingwer, gerieben
Salz, Pfeffer

Blauschimmelkäse-Dressing

- Senf, Pfeffer, Zucker, Öl und Essig verrühren.
- Käse stückchenweise zugeben und untermengen, sodass eine glatte Paste entsteht. Mit dem Mixstab pürieren. Sahne steif schlagen und unterziehen.

Zubereitungszeit: 20 Min.

EW	Fett	KH	kcal/kJ
5 g	21 g	2 g	221/914

Zutaten:
1/2 TL Dijon-Senf
Pfeffer, 1 TL Zucker
3 EL Öl, 1 TL Essig
80 g Blauschimmelkäse
100 g Sahne

Kartoffeldressing (Abb. rechts unten)

Zutaten:
1 Kartoffel, gekocht
2 Knoblauchzehen
2 EL Essig, 3 EL Jogurt
1 TL Dijon-Senf, Salz
3 EL Olivenöl
1/2 Bd. Petersilie

■ Kartoffel reiben oder zerdrücken. Knoblauch schälen und durchpressen.

■ Alles mit Essig, Jogurt, Senf und Salz mit dem Schneebesen verrühren. Olivenöl nach und nach dazugeben.

■ Petersilie waschen, Blättchen abzupfen, fein hacken und unter das Dressing mischen.

Zubereitungszeit: 15 Min.

EW	Fett	KH	kcal/kJ
2 g	8 g	8 g	115/479

Petersilien-Dill-Dressing (Abb. links)

Zutaten:
je 1 Bd. Dill und Petersilie
1 Scheibe Weißbrot
250 ml Öl
30 ml Weißweinessig
1 EL Zitronensaft
1 TL mittelscharfer Senf
1 TL Honig
Salz, Pfeffer

■ Dill und Petersilie waschen, Blättchen abzupfen und fein hacken.

■ Weißbrot zerbröseln. Mit Dill, Petersilie, Öl, Essig, Zitronensaft, Senf, Honig und 100 ml Wasser in den Mixer geben und alles zu einer glatten Sauce pürieren.

■ Mit Salz und Pfeffer pikant abschmecken.

Zubereitungszeit: 15 Min.

EW	Fett	KH	kcal/kJ
3 g	64 g	16 g	650/2682

Senfdressing (Abb. S. 88 rechts oben)

- Senf in eine Schüssel geben und tropfenweise 3 EL heißes Wasser unterrühren. Olivenöl in kleinen Mengen unterschlagen, bis eine dicke, glatte Sauce entstanden ist.
- Zitronensaft tropfenweise unterrühren und das Dressing mit Salz und Pfeffer nach Belieben abschmecken.

Zubereitungszeit: 15 Min.

EW	Fett	KH	kcal/kJ
1 g	18 g	1 g	178/735

Zutaten:
4 EL Dijon-Senf
70 ml Olivenöl
1 EL Zitronensaft
Salz
Pfeffer

Chili-Vinaigrette

- Essig mit Zucker aufkochen und abkühlen lassen.
- Chilischoten vom Stielansatz befreien, halbieren, entkernen und in feine Streifen schneiden. Schalotten schälen und fein hacken. Gurke würfeln.
- Chili, Schalotten und Gurke zusammen mit Limettensaft, Fischsauce und Öl gründlich mit Essig-Zucker-Mischung verrühren.

Zubereitungszeit: 20 Min.

EW	Fett	KH	kcal/kJ
1 g	8 g	24 g	172/722

Zutaten:
125 ml Essig
85 g Zucker
1 kleine rote Chilischote
1 kleine grüne Chilischote
2 Schalotten
1/2 Salatgurke
3 EL Limettensaft
2 EL Fischsauce
2 EL Öl

Zwiebeldressing

Zutaten:
1 kleine Zwiebel
Saft von 1/2 Zitrone
200 ml Buttermilch
weißer Pfeffer aus der Mühle, Salz
Knoblauchpulver
flüssiger Süßstoff nach Geschmack

Zubereitungszeit: 15 Min.

EW	Fett	KH	kcal/kJ
2 g	0 g	3 g	26/111

- Zwiebel schälen und fein hacken. Zusammen mit Zitronensaft unter die Buttermilch rühren.
- Sauce würzen und pikant abschmecken.

Tipp
Dieses Dressing passt sehr gut zu Tomatensalat.

Kräutervinaigrette

Zutaten:
1 Bd. Schnittlauch
1/2 Bd. Petersilie
1 Stängel Dill
1/2 Kästchen Kresse
2 EL Weißweinessig
Salz, 6 EL Öl
weißer Pfeffer

- Schnittlauch, Petersilie, Dill und Kresse waschen, trockenschütteln und fein hacken.
- Essig mit 1 Prise Salz verrühren, Öl mit einem Schneebesen unterschlagen. Kräuter einrühren, mit Pfeffer abschmecken.

Zubereitungszeit: 15 Min.

EW	Fett	KH	kcal/kJ
1 g	15 g	1 g	145/598

Petersiliendressing

■ Petersilie waschen, trockenschütteln und die groben Stiele entfernen.
■ Kraut fein wiegen, zusammen mit Zitronensaft unter die saure Sahne mischen. Mit Buttermilch glatt rühren.
■ Dressing mit Pfeffer, Tabasco und Salz würzen und abschmecken.

Tipp
Ein angefeuchteter Bund Petersilie lässt sich im Kühlschrank einige Tage aufbewahren, wenn man ihn in einem Plastikbeutel verschließt.

Zutaten:
1 Bd. Petersilie
2 EL Zitronensaft
150 g saure Sahne
125 g Buttermilch
weißer Pfeffer
2 Tropfen Tabasco
Salz

Zubereitungszeit: 10 Min.

EW	Fett	KH	kcal/kJ
3 g	4 g	3 g	62/260

Kräutersauce

■ Kräuter waschen, trockentupfen und fein wiegen. Zwiebelhälfte schälen, fein hacken.
■ Kräuter, Zwiebel und Zitronensaft unter den Kefir rühren, kurz durchziehen lassen. Knoblauch schälen und durchpressen.
■ Dressing mit Salz, Knoblauch und Süßstoff pikant würzen und abschmecken.

EW	Fett	KH	kcal/kJ
2 g	2 g	5 g	49/208

Zutaten:
1/2 Bd. Schnittlauch
1/2 Bd. Petersilie oder Kerbel
1/2 Bd. Dill
1/2 kleine Zwiebel
Saft von 1/2 Zitrone
200 g Kefir mild
1 Knoblauchzehe
weißer Pfeffer
Salz
flüssiger Süßstoff nach Geschmack

Zubereitungszeit: 10 Min.

Jogurt-Kräuter-Dressing (Abb. vorne)

Zutaten:
250 g Sahnejogurt
125 ml Brottrunk
1 Zwiebel
1 Knoblauchzehe
Salz
Pfeffer aus der Mühle
1 Bd. frische Kräuter
2 TL Enzym-Ferment Getreide

■ Sahnejogurt cremig rühren und mit Brottrunk vermischen.
■ Zwiebel und Knoblauchzehe schälen, beides fein hacken und in die Sauce geben. Mit Salz und Pfeffer würzen. Frische Kräuter waschen, trockenschütteln, fein hacken und mit dem Getreide unter die Sauce heben.

Tipp
Enzym-Ferment Getreide ist ein milchsäurehaltiges Produkt aus fermentiertem Vollkornbrot. Es enthält außerdem Mineralstoffe, Proteine, Vitamine sowie essenzielle Aminosäuren.

Zubereitungszeit: 15 Min.

EW	Fett	KH	kcal/kJ
2 g	6 g	5 g	84/351

Knoblauchsauce (Abb. hinten)

Zutaten:
150 g saure Sahne
5 EL Brottrunk
2 TL Enzym-Ferment Getreide, 1 kleine Zwiebel
1 Knoblauchzehe, Salz
Pfeffer, 1 EL Zitronenmelisse, gehackt

■ Saure Sahne mit Brottrunk verquirlen und Getreide unterrühren. Zwiebel und Knoblauch schälen, fein hacken und in die Sauce geben. Mit Salz und Pfeffer pikant abschmecken und mit Zitronenmelisse bestreut servieren.

Zubereitungszeit: 15 Min.

EW	Fett	KH	kcal/kJ
2 g	4 g	4 g	55/230

Schnittlauchsauce

- Saure Sahne cremig rühren und mit Brottrunk und Zitronensaft verrühren.
- Schnittlauch waschen, trockenschütteln und in feine Röllchen schneiden. Knoblauchzehe schälen und fein hacken.
- Den Großteil des Schnittlauchs und Knoblauch unter die Sauce rühren. Mit Senf, Salz, Pfeffer und Zitronensaft abschmecken und mit restlichen Schnittlauchröllchen garnieren.

Zubereitungszeit: 15 Min.

EW	Fett	KH	kcal/kJ
2 g	10 g	2 g	105/439

Tipp
Brottrunk ist ein milchsauer vergorenes Getränk aus speziell hergestelltem Vollkornbrot. Es wirkt positiv auf die Darmflora und stärkt somit das Immunsystem.

Zutaten:
150 g saure Sahne
125 ml Brottrunk
1 TL Zitronensaft
1 Bd. Schnittlauch
1 Knoblauchzehe
1 Msp. Senf
Salz
Pfeffer aus der Mühle

Pikantes Dressing

- Knoblauch schälen und zusammen mit Eigelb, Sojasauce, Zucker, Salz, Senf, Essig, Brühe, Pfeffer und Öl in einen Mixer geben oder mit dem Mixstab pürieren, bis ein homogenes Dressing entstanden ist.

Zutaten:
1 Knoblauchzehe
2 Eigelb
3–4 EL Sojasauce
1 TL Zucker
1 TL Salz
1–2 TL Senf
75 ml Apfelessig
75 ml Brühe (Instant)
Pfeffer
300 ml Öl

Zubereitungszeit: 20 Min.

EW	Fett	KH	kcal/kJ
3 g	78 g	3 g	735/3026

Majonäse-Walnuss-Dressing

Zutaten:
100 g Majonäse
50 g Crème fraîche
3 EL Walnüsse
1 EL Rosmarin, fein gehackt
1 TL Akazienhonig
1 TL abgeriebene Orangenschale (unbehandelt)
3 EL Frischkäse
weißer Pfeffer

■ Majonäse mit Crème fraîche glatt rühren. Walnüsse häuten und fein hacken. Mit Rosmarin, Honig und Orangenschale in einer Schüssel vermengen.
■ Majonäse-Crème-fraîche-Mischung und Frischkäse unterrühren. Mit weißem Pfeffer abschmecken.

Zubereitungszeit: 20 Min.

Tipp
Zum Häuten der Walnüsse kann man sie an den Seitenwänden eines Siebes entlangreiben.

EW	Fett	KH	kcal/kJ
3 g	30 g	3 g	303/1251

Senf-Nuss-Dressing

Zutaten:
2 Eier
1 TL brauner Zucker
1 Msp. Cayennepfeffer
1 TL Dijon-Senf
1 TL Senfpulver
65 ml Walnussöl
3 TL Weißweinessig
150 g Sahnejogurt
2 EL Walnüsse, gehackt

■ Eier in ca. 8 Minuten hart kochen, pellen, grob hacken, durch ein feines Sieb streichen oder im Mixer zerkleinern.
■ Mit Zucker, Cayennepfeffer, Senf, Senfpulver und Walnussöl verrühren. Essig zugeben und mit dem Schneebesen cremig schlagen. Jogurt und Nüsse unterrühren.

Zubereitungszeit: 20 Min.

EW	Fett	KH	kcal/kJ
6 g	24 g	4 g	254/1052

Tipp
Walnussöl wird kalt gepresst und enthält bis zu 70 % mehrfach ungesättigte Fettsäuren.

French Dressing

Zutaten:
1 Eigelb
2 EL Weißweinessig
1 TL Dijon-Senf
weißer Pfeffer
Salz
Zucker
150 ml Olivenöl

Zubereitungszeit: 15 Min.

■ Eigelb mit Essig, Senf, Pfeffer, Salz und Zucker gründlich verrühren.
■ Öl mit einem Schneebesen einrühren, sodass eine cremige Sauce entsteht.

EW	Fett	KH	kcal/kJ
1 g	39 g	0 g	358/1475

Register

Text- und Bildquellen

Titelbild: StockFood
Inhalt: Almond Board of California: 53; Bad Reichenhaller: 70; Brauner/Mosaik-Verlag: 22, 27, 59, 60, 65, 67, 68, 72, 75, 76; Brunch: 79, 81; CMA Butterschmalz: 71; CMA Deutsche Butter: 39, 40, 57; Coca-Cola: 2/3, 43, 74; DigiTouch GmbH: 21, 56, 60, 71, 73, 81, 84, 89, 92; Eising/Mosaik-Verlag: 18, 28; Feuz/Mosaik-Verlag: 32; Galbani: 77; Hela Gewürzwerk: 52, 80, 82; Kerth/Mosaik-Verlag: 31, 45; Kikkoman Trading Europe GmbH: 44, 46, 51, 58, 93; Knorr: 33; Kopp/Mosaik-Verlag: 54, 61, 69; Löwensenf: 10; Molkerei Alois Müller: 90, 91 (2x); Newedel/Mosaik-Verlag: 42; Ostmann Gewürze: 4, 6; Rama: 49, 87; Rieck/Mosaik-Verlag: 41; Seiffe/Mosaik-Verlag: 88; StockFood: 1, 15, 20, 23, 25, 37, 62, 67, 85, 89; Teubner Foodfoto: 7; Teubner/Mosaik-Verlag: 29, 47, 55; The Food Professionals Köhnen GmbH: 8, 9, 17, 19, 21, 30, 34, 35, 78; USA-Sonnenblumenkerne: 73; Wasa: 63; Wirths PR: 83, 92; WMF: 11, 13

Impressum

Einleitungstext: Iris Hammelmann
Chefredaktion: Dr. Angela Sendlinger
Redaktion: Anna Fleck
Produktion: Wolfram Friedrich
Umschlaggestaltung: Inga Koch

ISBN 978-3-8174-5830-1
5358305

Besuchen Sie uns im Internet: www.compactverlag.de